URRA Feltrinelli

Bärbel Wardetzki

Pronto soccorso per l'anima offesa

Reagire agli affronti con filosofia e senza risentimenti

Traduzione dal tedesco di Roberta Zuppet

Titolo dell'opera originale
NIMM'S BITTE NICHT PERSÖNLICH.
DER GELASSENE UMGANG MIT KRÄNKUNGEN

Prima edizione ne "Urra Feltrinelli" dicembre 2014

Traduzione dal tedesco di
ROBERTA ZUPPET

Stampa Grafica Veneta S.p.A. di Trebaseleghe – PD

ISBN 978-88-07-09056-1

Sommario

Introduzione

Pronto soccorso per l'anima offesa è una breve guida che insegna a prendere le offese con più filosofia. Con l'aiuto di esempi concreti si affronta una serie di temi e situazioni essenziali, che nella vita di tutti i giorni possono sfociare in discussioni accese, se non addirittura in scontri fisici o persino in aggressioni violente. Per questo motivo è importante riconoscere e comprendere questi meccanismi, per trovare soluzioni costruttive. Meglio sappiamo cosa ci offende, quali vecchie ferite vengono riaperte dagli affronti attuali e quali possibilità abbiamo per proteggerle e rimarginarle, e meno soffriremo a causa dei sentimenti di offesa. Normalmente, infatti, emozioni come l'umiliazione, il rancore, l'indignazione, la collera distruttiva e la disperazione provocano solo un inasprimento del conflitto, la rottura del rapporto e uno stato di solitudine e contrasto, che non ci aiuta a trovare una soluzione.

Il libro è diviso in due parti. La prima spiega cosa sono le offese e descrive sia il punto di vista dell'offeso (che cosa prova, come reagisce, che cosa può fare nella situazione in atto) sia la prospettiva di coloro che hanno offeso gli altri o da cui gli altri si sentono offesi (che cosa ci spinge a sminuire il prossimo, come cadiamo nei tranelli dell'offesa e come possiamo uscirne). La seconda insegna ad avere un atteggiamento più pacato nei confronti delle offese. Riassume i passi necessari per porre fine ai conflitti o addirittura per stroncarli sul nascere.

Vorrei ringraziare la mia editor Dagmar Olzog, che mi ha supportato nella realizzazione dell'edizione tedesca. Collaborare con lei è stato meravigliosamente semplice e illuminante. Avendo un forte senso della responsabilità reciproca, infatti, Dagmar è immune dalle offese.

Mi auguro che i lettori trovino in questo volume un aiuto per risolvere i conflitti concreti presenti nella loro vita e che riescano a mettere in pratica i consigli e le proposte contenuti in queste pagine.

Alla fine del libro troverete un breve test per scoprire come vi ponete nei confronti delle offese.

La scelta tra offenderci e trovare una soluzione costruttiva senza troncare dipende solo da noi.

1.

Nel circolo vizioso dell'offesa

Che cosa succede quando qualcuno ci offende?

Più mi occupo di questo argomento e più comprendo il suo ruolo importante e spesso addirittura decisivo nella nostra vita. In modo più o meno intenzionale e più o meno inconsapevole offendiamo e veniamo offesi di continuo.

La dinamica dell'offesa si estende a tutti gli ambiti dell'esistenza. Riguarda i rapporti di amicizia e di amore, l'ambiente professionale, le differenze sociali, le controversie sulla politica mondiale e il benessere personale. Ovunque emergano malintesi, contrasti, dolore, odio, violenza e divergenze, possiamo essere certi che dietro questi elementi si annidano conflitti irrisolti, che ostacolano il confronto costruttivo.

Gli attacchi reciproci e il rancore possono avere conseguenze disastrose. Nella peggiore delle ipotesi sfociano in omicidi e guerre, e non di rado nella rottura dei rapporti, seguita da vendette e pensieri distruttivi. In cuor nostro siamo spinti dall'astio e dalla rabbia nei confronti dell'avversario, dall'intransigenza, dall'amarezza e dal rifiuto. Ci indigniamo all'idea che qualcuno abbia osato ferirci così profondamente. L'interlocutore non sa forse chi gli sta davanti?

Che cosa ci resta da fare? Una possibilità è contrattaccare, con le parole o passando alle vie di fatto. L'aggressività non serve, tuttavia, a liberarci dallo shock e dal senso di impotenza, né tantomeno dal dolore del disprezzo, dell'umiliazione e della svalorizzazione di cui siamo stati vittime. Al contrario. Spesso più ci sentiamo deboli, e più diventiamo violenti. La soddisfazione di annientare l'"avversario", di vederlo al tappeto o di mortificarlo almeno quanto lui ha mortificato noi non risolve il problema di fondo né guarisce le ferite. Però non contribuiamo alla loro cicatrizzazione nemmeno chiudendoci in noi stessi, sprofondando nella depressione e nella sofferenza o considerandoci mediocri, inferiori, spregevoli e impotenti.

Se non facciamo nulla, a parte leccarci le ferite e abbandonarci all'autocommiserazione, non caviamo un ragno dal buco, perché a lungo andare anche questo atteggiamento scatena sentimenti di odio e pensieri di vendetta contro coloro che ci hanno offeso. Rimaniamo in conflitto con gli altri e dunque anche con noi stessi. Questi attriti, tuttavia, conducono automaticamente al conflitto successivo e quindi anche a una nuova offesa. Infatti, se non siamo in pace con noi stessi e con gli altri, manifestiamo ostilità e litigiosità, provocando inevitabilmente una reazione identica. Un circolo vizioso che può sfociare in un'autentica spirale di violenza.

Un conflitto relazionale nel presente è spesso il risultato di una lunga catena di offese reciproche che si sono accumulate nel corso del rapporto o del matrimonio, e che terminano con la separazione o il divorzio. Di frequente l'attacco scatenante è molto lontano nel tempo. Gli esempi sono numerosi.

Il partner non ha mai chiesto espressamente la mano della compagna, cosa di cui finora lei non ha fatto un dramma. Lei non ha mai voluto avere figli da lui e l'uomo ha interpretato questa decisione come uno sminuimento della propria persona. Lui le ha "messo le corna", tradendo così la sua fiducia. Lei è andata in vacanza da sola quando lui ha attraversato una crisi professionale, facendolo sentire abbandonato. Se questi e altri affronti non vengono sviscerati e se le conseguenze emotive non vengono espresse, si può arrivare alla rottura o alla violenza contro il compagno o la compagna. Non a caso, dei 223 omicidi in famiglia commessi in Italia nel 2002 ben il 30,9 per cento ha avuto come vittima il coniuge o il convivente.*

Pertanto è fondamentale comprendere meglio il meccanismo dell'offesa. Se capiamo quali processi avvengono dentro di noi e cosa spinge l'interlocutore ad attaccarci, creiamo il presupposto per risolvere o almeno attenuare il conflitto.

NEL CIRCOLO VIZIOSO DELL'OFFESA

- La dinamica dell'offesa interessa tutti gli ambiti della vita: il benessere personale, i rapporti di amicizia e d'amore, l'ambiente professionale, le differenze sociali e le controversie sulla politica mondiale.
- Gli affronti hanno un significato importante e spesso addirittura decisivo nella nostra esistenza perché possono avere conseguenze catastrofiche. Nel peggiore dei casi sfociano in omicidi e guerre, e non di rado nella rottura dei rapporti, seguita da vendetta e pensieri distruttivi.
- La soluzione al conflitto non è rappresentata né dalla vendetta annientatrice contro il "nemico" né dalle tendenze depressive perché in entrambi i casi siamo in discordia con noi stessi e con l'altro. Gli attriti, tuttavia, conducono inevitabilmente al conflitto successivo e dunque a una nuova offesa.
- Se il dissidio non si appiana, si può innescare un circolo vizioso della violenza.

La parola "offesa" ha un duplice significato

Quando parliamo di questo argomento, non differenziamo mai tra offese *subite*, cioè quelle che gli individui ricevono, e offese *inflitte*, ossia quelle procurate agli altri. Fare que-

* Rapporto Eures sugli omicidi in Italia. [*N.d.T.*]

sta distinzione può essere inutile, ma nella mia professione avverto un disagio crescente quando viene utilizzato lo stesso concetto per designare cose diverse. Propongo pertanto di usare i termini *reazione di offesa* e *azione di offesa* oppure *offesa subita* e *inflitta*.

La reazione di offesa, o offesa subita, è ciò che capita alle persone quando si sentono respinte, rifiutate, escluse o disprezzate. Comprende tutti i processi emotivi, fisici e mentali che hanno luogo nell'individuo in risposta all'evento offensivo.

L'azione di offesa, o offesa inflitta, è invece ciò che si fa per ferire gli altri. Può trattarsi di una critica, di una parola sbagliata al momento sbagliato, di un invito mancato o dell'abbandono da parte di una persona cara. Ma anche l'umiliazione, la discriminazione, la svalorizzazione intenzionale, il rifiuto, il ripudio e l'esclusione sono eventi offensivi. Potrei continuare la lista all'infinito perché, sostanzialmente, quasi ogni cosa può essere giudicata offensiva, dato che ciascuno può sentirsi danneggiato da un evento diverso. Di conseguenza, l'offesa intesa come azione di offesa non è qualcosa di oggettivo: non possiamo affermare, per esempio, che un rifiuto scateni automaticamente una reazione di offesa nell'interlocutore. Ciò accade solo quando l'altro si sente sminuito e leso nell'autostima.

Supponiamo che una critica ci abbia offesi. Il lavoro che presentiamo al capufficio e che abbiamo svolto con grande impegno e fatica viene criticato e così commentato: "Non le è venuto in mente niente di meglio?". Questa osservazione causa una reazione di offesa, dal momento che ci sentiamo sottovalutati e crediamo di aver fallito. In questo caso rifiutiamo in prima persona il risultato ottenuto, ci accusiamo di scarsa creatività e forse ci mettiamo completamente in discussione. Nella peggiore delle ipotesi ci convinciamo di non essere tagliati per l'incarico, a prescindere dai successi precedenti.

Il fatto che per noi la critica diventi un'offesa subita dipende, primo, da come la elaboriamo e, secondo, dalla sua forma. Se, per esempio, il nostro lavoro viene giudicato tenendo conto di pregi e difetti, forse non ci offendiamo o siamo meno risentiti rispetto al caso in cui venga rifiutato *in toto*. Però non dobbiamo prendercela nemmeno in questa circostanza perché, se siamo certi della buona qualità del lavoro, non accetteremo la sua svalorizzazione.

LA PAROLA "OFFESA" HA UN DUPLICE SIGNIFICATO

- L'*offesa subita* o *reazione di offesa* è ciò che capita agli individui quando si sentono sminuiti.
- L'*offesa inflitta* o *azione di offesa* è ciò che le persone fanno per mortificare gli altri.
- L'azione di offesa non è qualcosa di oggettivo: il fatto che venga interpretata come offesa dipende, tra l'altro, da quanto l'interlocutore si sente ferito o sminuito.
- In sostanza, quasi ogni cosa può essere giudicata offensiva, perché ciascuno si può risentire per un evento diverso.

Siamo noi a decidere cosa ci offende

Il fatto che possiamo risentirci per quasi ogni cosa ci induce inevitabilmente a interrogarci sulla nostra responsabilità personale. Quanto ci sentiamo offesi dipende infatti più da noi stessi che dall'azione ingiuriosa. Che cosa significa? Non siamo alla mercé delle umiliazioni, bensì le plasmiamo intendendo gli eventi o le reazioni degli altri come mortificazioni personali. Gli eventi si trasformano in rifiuto quando l'offeso li percepisce come diretti contro se stesso o come sminuimento del proprio valore personale. Ho già chiarito il concetto con l'esempio della critica da parte del capufficio.

I fattori scatenanti non devono necessariamente essere intenzionali, come avviene nel caso in cui qualcuno voglia ferirci di proposito. Può trattarsi anche di osservazioni e di gesti incidentali, che non sono rivolti contro di noi. Oppure di piccolezze che scuotono la nostra anima.

Così qualunque azione provenga dall'ambiente circostante può provocare reazioni di offesa. Ciò non semplifica la situazione, ma dimostra inequivocabilmente che la responsabilità è in gran parte dell'offeso. In molti casi, infatti, costui può scegliere tra accettare o respingere l'attacco.

Nel caso delle offese involontarie, nelle quali la vittima fraintende i segnali o si sente presa di mira quando in realtà non lo è, risulta più semplice discutere della responsabilità dell'offeso. È un po' più difficile, invece, se gli attacchi, gli insulti e le critiche sono innegabili. Anche in queste circostanze, tuttavia, entra in azione lo stesso meccanismo: il grado in cui qualcuno si risente dipende dal significato che attribuisce all'evento, e questo è legato, a sua volta, alla sicurezza interiore e alle esperienze passate dell'individuo.

Per alcuni una risposta negativa è comunque un affronto personale, mentre per altri è solo una seccatura. Per lo stesso soggetto, inoltre, il significato del rifiuto può variare a seconda dell'importanza dell'evento. Perciò un "no" può essere letto una volta come un'offesa, un'altra come una scocciatura e un'altra ancora come un episodio senza peso.

In questa ottica, la suscettibilità è la tendenza a mettere sul personale molti eventi, riferendoli a se stessi e attribuendo loro una connotazione irrispettosa. Se l'interessato non si sente chiamato in causa, lascia la responsabilità all'offensore e non cerca in se stesso le ragioni del rifiuto.

Per questo motivo dovremmo usare con parsimonia l'affermazione: "Mi hai offeso," perché essenzialmente vuol dire solo che qualcuno si sente sminuito, ferito e mortificato dal comportamento di un altro. Sarebbe invece più corretto dire: "Mi sento offeso da ciò che hai fatto". In questo modo ci assumiamo la responsabilità dei nostri sentimenti e, allo stesso tempo, evitiamo di scagliare contro l'altro rimproveri e accuse potenzialmente infondati. Questi ultimi inaspriscono il conflitto e non contribuiscono alla sua soluzione, né tanto meno al miglioramento del nostro stato d'animo.

L'estratto di un'intervista all'attore nero Morgan Freeman, che ho letto nell'inserto della "Süddeutsche Zeitung", illustra la mia teoria (I = intervistatrice; F = Freeman).

I: Che cosa succede se la chiamo "negro"?
F. Niente.
I: Perché, niente?
F: Che cosa succede se la chiamo "crucca"?
I: Niente.
F: Perché, niente?
I: Non mi sento presa di mira.
F: Vede, nemmeno io.
I: È questo il trucco per non sentirsi colpiti?
F: Se mi chiama "negro", è lei ad avere un problema, non io, perché ha usato la parola sbagliata. Evitando di sentirmi toccato la lascio sola con il suo problema. È ovvio che questa tattica non funzionerebbe se lei mi aggredisse fisicamente. In quel caso mi difenderei, glielo assicuro.

In questo esempio non mi interessano il contenuto politico, il tema delle persone con la pelle di colore diverso o degli stranieri e nemmeno la xenofobia. Questa non è la sede adatta per discutere di simili argomenti. L'estratto serve solo a illustrare quali possibilità abbiamo per affrontare le situazioni offensive. In molti casi, infatti, siamo liberi di decidere se accettare la svalorizzazione oppure se restituirla al mittente. Non siamo costretti a subire qualcosa che non ci appartiene. In breve, siamo noi a stabilire cosa diventa un'offesa.

Possiamo risparmiarci la reazione di offesa evitando di riferire a noi stessi il commento di un altro.

L'IMPORTANZA DELLA RESPONSABILITÀ PERSONALE

- Qualunque reazione provenga dall'ambiente circostante può provocare in voi reazioni di offesa.
- Il fatto che vi sentiate offesi ha più a che fare con voi che con la pura azione di offesa.

- Non siete alla mercé delle umiliazioni, bensì le plasmate attivamente interpretando come attacchi personali gli eventi o le reazioni altrui.
- La misura in cui ve la prendete dipende dal significato che date all'evento, e questo è legato, a sua volta, alla vostra sicurezza interiore, alle vostre esigenze ed esperienze passate.
- È opportuno sostituire la frase "Mi hai offeso" con "Mi sento offeso da ciò che hai fatto". Così vi assumete la responsabilità del vostro stato d'animo ed evitate rimproveri e accuse.

L'autostima indebolita

Gli aspetti essenziali del conflitto scatenato dall'offesa sono l'attacco all'autostima e il suo indebolimento. Le reazioni di offesa e l'autostima sono dunque legate a doppio filo e, almeno in parte, si condizionano addirittura a vicenda. Lo si deduce già dall'etimologia e dal significato della parola "offendere", che deriva dal latino *ob* (contro) e *fendere* (urtare) e che vuol dire "ferire gravemente la dignità, l'onore, la reputazione e simili di qualcuno con parole o con atti".

Il nesso tra offesa e autostima si sviluppa su due livelli:

1. Le mortificazioni indeboliscono la considerazione di sé e generano dubbi e disorientamento della persona e del suo senso di identità. Ad avere questo effetto è la sensazione di non essere all'altezza, di valere poco, di essere svantaggiati e dunque meno apprezzabili. L'odio, l'invidia, l'indignazione e il dolore nascono sempre dal timore di essere inferiori oppure più mediocri o insignificanti degli altri. Se non siamo in prima fila, se non veniamo presi in considerazione, guardati o ascoltati, reagiamo offendendoci.

2. Le persone molto suscettibili, che nella vita di tutti i giorni definiamo permalose o ipersensibili, hanno spesso un'autostima instabile. Si stizziscono subito, si chiudono in se stesse alla minima inezia e per qualche tempo sono inac-

cessibili. Alcune si offendono in modo cronico. Un tono di voce sbagliato, una parola brusca o un sopracciglio inarcato sono sufficienti per infliggere una grave ferita alla loro autostima. A volte l'interlocutore non sa nemmeno cosa stia succedendo, ma intuisce di averle colpite in qualche modo. Nelle relazioni di coppia, nelle amicizie, nei rapporti con i vicini o nell'ambiente professionale vi sarà capitato di esservi lasciati sfuggire un'osservazione "inopportuna" o un'accusa che ha offeso l'altra persona, spingendola a voltarvi le spalle e a troncare i contatti.

Invece un soggetto sicuro di sé, ossia dotato di autostima stabile, non si offende così facilmente. Da una parte, non è sensibile ai messaggi negativi dell'interlocutore; dall'altra, non li mette subito sul personale e dunque non si lascia disorientare. Trattare con un individuo di questo tipo è senza dubbio più semplice, perché non dobbiamo stare sempre attenti a ciò che diciamo o facciamo.

Ogni essere umano è suscettibile, seppure in grado diverso.

Le offese fanno parte della vita e gli attacchi all'autostima sono una costante dell'esperienza quotidiana. Veniamo criticati, rifiutati, esclusi, abbandonati e ripudiati, ma veniamo anche amati, elogiati e accettati. Ma non sempre, purtroppo.

Tutti ricevono un rifiuto, prima o poi.

Le offese indeboliscono l'autostima

- Gli aspetti essenziali del conflitto scatenato dall'offesa sono l'attacco all'autostima e il suo indebolimento.
- L'offesa fa sentire indeboliti, umiliati, sminuiti.
- Le persone con un'autostima debole sono più sensibili agli attacchi. Non di rado assumono un atteggiamento permaloso.

- I soggetti sicuri di sé, ovvero dotati di un'autostima stabile, non sono così suscettibili, perché non mettono subito sul personale i messaggi negativi.
- Ogni essere umano è suscettibile, seppure in grado diverso.

L'approvazione negata e le esigenze trascurate

Nelle situazioni di offesa svolge un ruolo centrale la mancata soddisfazione delle esigenze narcisistiche, cioè quelle che concernono direttamente l'autostima: essere guardati, ascoltati, riconosciuti, capiti e tenuti in considerazione. L'appagamento dei bisogni di attenzione, stima, amore e coinvolgimento rafforza l'autostima e dunque è un processo narcisistico. Qui questo aggettivo significa "riguardante l'autostima", perciò occorre fare attenzione a non confondersi con il disturbo narcisistico.

Per il nostro bene vogliamo essere amati, considerati e accettati. Abbiamo bisogno di significare qualcosa per gli altri e di avere un ruolo nella loro vita, a volte persino quello principale. Nelle situazioni di offesa, questi desideri restano insoddisfatti, cosa che viviamo come uno sminuimento della nostra persona.

Pertanto i soggetti che già in partenza hanno un'autostima indebolita sono più inclini a offendersi. Poiché sono pieni di profondi dubbi interiori, cercano conferma del proprio valore all'esterno, nel favore degli altri. Se questo non arriva, la sua mancanza consolida la loro visione negativa di se stessi e determina una nuova crisi dell'autostima.

A causa di questa immagine negativa di sé, questi individui si sentono ancora più esclusi, invisibili e insignificanti. Purtroppo questa sensazione li rende impermeabili ad accettare le premure, le lodi e l'approvazione. Eppure costoro avrebbero ancora più bisogno di un apporto narcisistico delle persone dotate di un'autostima stabile, che nei momenti di difficoltà psicologica sanno dare a se stesse sostegno e conforto.

Questo meccanismo si riscontra anche nei depressi e, in molti casi, si può contrastare solo con la psicoterapia.

Ci offendiamo anche quando vengono ignorate esigenze talmente importanti che, in un certo momento, leghiamo il nostro valore personale alla loro soddisfazione. Se riusciamo a individuare il bisogno e a capire cosa vogliamo, facciamo già un notevole passo avanti: così, anziché offenderci, possiamo chiedere ciò che desideriamo e avere la possibilità di "saziarci".

Un esempio: avete acquistato un vestito nuovo, con cui volete stupire il partner, ma lui non se ne accorge e non vi fa neppure un complimento. L'esigenza di essere notate dal compagno e di piacergli rimane inappagata, cosa che vi ferisce particolarmente, perché da tempo vi sentite trascurate e poco amate. In queste condizioni può scoppiare un litigio se lo accusate di darvi per scontate e se lui si difende con veemenza dicendo di averne fin sopra i capelli di dover commentare perfino ogni vestito nuovo. Tuttavia, poiché in fondo non vi importa del vestito, bensì della vostra persona, avete la sensazione di essere rifiutate e vi offendete. Gli voltate le spalle oppure uscite sbattendo la porta con rabbia.

Sarebbe invece più costruttivo e proficuo spiegare, prima a voi stesse e poi al partner, cosa vi sta a cuore. A questo scopo è necessario analizzare i propri bisogni. In realtà, pretendete dal partner più attenzione, approvazione e sensibilità. Il messaggio inviato tramite il vestito è però molto indiretto. Sarebbe meglio dire chiaramente al vostro compagno cosa vi manca. Così avrete più probabilità di ottenere ciò che desiderate, e forse capirete anche di cosa necessita lui.

SE LE NOSTRE ESIGENZE RESTANO INSODDISFATTE, È PIÙ PROBABILE OFFENDERSI

- Nelle situazioni di offesa rimangono inappagate soprattutto le esigenze narcisistiche, che riguardano direttamente l'autostima.

- Vi sentite ignorati, non venite presi abbastanza sul serio, non ottenete risposta, non siete considerati e ricevete una quantità troppo modesta di approvazioni, conferme ed elogi.
- Se la vostra considerazione di voi stessi dipende in gran parte dall'approvazione esterna, tendete a diventare suscettibili quando questa viene a mancare.
- Potete bloccare le reazioni di offesa circoscrivendo le esigenze insoddisfatte e cercando attivamente ciò che può "saziarvi".

Preferiamo andare su tutte le furie che soffrire

Le reazioni di offesa sono legate a impotenza, collera, disprezzo, delusione e ostinazione. Queste, tuttavia, non sono emozioni vere e proprie, bensì si possono intendere come condizioni psicologiche. I sentimenti autentici e vitali che emergono quando ci sentiamo feriti sono soprattutto dolore, rabbia, vergogna e paura, e non vengono percepiti né tantomeno manifestati.

La reazione di offesa ci induce a nascondere gran parte di queste emozioni, e ci lascia in balia dell'ira, dell'indignazione e di un atteggiamento accusatorio nei confronti di noi stessi e degli altri, spesso accompagnati da pensieri di vendetta. La collera e il disdegno sono, per così dire, reazioni difensive contro il dolore della ferita, contro la paura e la vergogna. L'ira e il disprezzo hanno lo scopo di interrompere e neutralizzare il risentimento doloroso. Preferiamo andare su tutte le furie che soffrire. Da questo punto di vista, la reazione di offesa serve a mascherare la paura, la vergogna, il dolore e la rabbia costruttiva, che è molto diversa dall'odio distruttivo e dalla collera devastatrice scatenati dall'offesa. La rabbia costruttiva vuole proteggere, fissare dei limiti e salvare la relazione, mentre la collera distruttiva mira all'annientamento sistematico dell'altro, del rapporto e spesso persino di se stessi. Non punta a trovare una soluzione, ma solo a distruggere.

Se invece ammettiamo i sentimenti autentici, ci sentiamo tristi, addolorati, impauriti, ci vergogniamo degli eventuali errori oppure abbiamo un diavolo per capello, ma non siamo offesi né distruttivi, non ci irritiamo e non ci sentiamo impotenti. Siamo in contatto con noi stessi, con le nostre emozioni, e dunque siamo capaci di agire, perché possiamo cercare consolazione nel dolore, chiedere sostegno e consiglio nella paura, parlare del nostro imbarazzo ed esprimere la collera senza mandare a monte il rapporto.

COME SI SVILUPPANO LE OFFESE

L'offesa scaturisce dalla ferita causata dal rifiuto e dalla svalorizzazione.

↓

L'offesa provoca dolore, vergogna, paura e rabbia.

↓

Questi sentimenti vengono perlopiù nascosti.

↓

Si provano collera distruttiva, disprezzo, impotenza, delusione e ostinazione.

↓

Le reazioni sono vendetta, violenza contro se stessi e gli altri, rottura della relazione.

Che paura!

La reazione di offesa è molto simile a una reazione di terrore. Quando veniamo offesi, ci spaventiamo, tratteniamo il respiro, ci irrigidiamo, ci paralizziamo e non siamo più in grado di ragionare lucidamente. Questo spiega anche perché spesso le risposte migliori agli svilimenti o alle sfacciataggini altrui ci vengono in mente solo a posteriori. Nella situazione concreta siamo così occupati a conservare il controllo di noi stessi e delle circostanze da non riuscire ad avere la battuta pronta. Nella maggior parte dei casi reagiamo rapidamente solo quando non ci sentiamo colpiti nel profondo.

La lista soggettiva delle reazioni fisiche ed emotive che compaiono nelle situazioni di offesa spazia dalla tachicardia alle "gambe molli", passando per la paralisi, i brividi di freddo, il senso di oppressione al petto, il panico, la rassegnazione e l'impotenza. Non percepiamo per nulla, o avvertiamo solo vagamente, i veri sentimenti come la paura, la rabbia, il dolore e la vergogna, e ci chiudiamo in noi stessi oppure tentiamo una manovra di disimpegno. Se nel lungo termine non riusciamo a combattere questo irrigidimento e restiamo esposti ad altre situazioni di offesa, possono insorgere problemi fisici, come contratture muscolari, disturbi della respirazione, affezioni biliari e così via.

Un esempio del rapporto tra malattia e offesa è contenuto nel racconto *Unser bester Lehrer* di Bertolt Brecht (estratto dal volume di Kurt Singer *Kränkung und Kranksein*), riportato qui sotto in versione abbreviata.

> Il nostro miglior maestro era un uomo alto, sorprendentemente brutto, che in gioventù, a quanto si diceva, aveva aspirato a una cattedra universitaria, ma non era riuscito a realizzare quel sogno. La delusione aveva gravemente pregiudicato il pieno sviluppo di tutte le sue energie. Amava interrogarci di punto in bianco e lanciava gridolini di piacere maligno quando non sapevamo rispondere. [...] Il suo compito era fare di noi degli esseri umani e lo portò a termine piuttosto bene. Da lui non imparammo la chimica, bensì la vendetta.
>
> Ogni anno arrivava un ispettore scolastico, e si mormorava che volesse vedere come studiavamo. Sapevamo, tuttavia, che in realtà voleva vedere come lavorassero gli insegnanti. Quando tornò, ne approfittammo per far sfigurare il maestro. Non rispondemmo a una sola domanda, facendo scena muta. Quel giorno il maestro non espresse alcun piacere davanti ai nostri fallimenti. Fu colpito dall'itterizia, fu a lungo malato e, al rientro, non fu più l'uomo maligno di un tempo.

"Diventare verde di rabbia" è un'espressione colloquiale. Il colore verde (come il giallo dell'itterizia) rimanda al nesso tra la collera e il funzionamento del fegato. Il maestro si ammala a causa della vendetta degli alunni, una reazione che si riscontra spesso nel caso delle malattie psicosomatiche. Il vero motivo della malattia è la delusione per la mancata realizzazione del sogno giovanile. Si direbbe che l'uomo non abbia mai superato la frustrazione e che questo stato d'animo abbia alimentato il suo comportamento sprezzante anche a distanza di anni.

IL TERRORE DELL'OFFESA

- Quando vi offendete, vi spaventate.
- Nelle situazioni di offesa, il corpo reagisce con una serie di schemi specifici, come trattenere il respiro, contrarre i muscoli e irrigidirsi.
- La respirazione profonda e il movimento sono le prime reazioni che aiutano a uscire dall'irrigidimento e che costituiscono la base per superare l'offesa.
- Le delusioni non "metabolizzate" fungono da terreno fertile per i sentimenti e le azioni di offesa nel presente.
- Se le offese non vengono elaborate, possono essere causa di malattie psicosomatiche.

2.

Quando sono gli altri a offendere noi

L'offesa colpisce il punto debole

Tutti conoscono il ruolo dell'offeso. Che le esperienze offensive si siano verificate molto tempo fa o che le si abbia appena vissute, possono avere un certo peso nella nostra vita oppure essere solo piccoli incidenti che ci buttiamo alle spalle in tempi relativamente brevi. Sia come sia, conosciamo le sensazioni provocate dagli affronti subiti.

Ricordate l'ultimo torto che avete ricevuto? Che cos'è successo, e chi ne è stato il responsabile? Come vi siete sentiti e comportati? Sapreste dire quali aspettative ed esigenze sono state trascurate in quel caso?

Fate uno sforzo e soffermatevi sull'episodio in questione. Se pensate a un'esperienza e a uno shock personali, forse le spiegazioni che seguono acquisteranno maggiore concretezza.

Spesso gli altri ci attaccano senza volerlo quando meno ce lo aspettiamo. Le offese sono fulmini a ciel sereno e di frequente non capiamo neppure noi perché reagiamo con tanta veemenza. Tuttavia lo facciamo perché l'affronto tocca il punto in cui siamo più sensibili. Ho deciso di chiamarlo "punto debole" perché è quello più vulnerabile ed esposto alle mortificazioni.

Il punto debole compare quando le ferite che ci sono state inflitte in passato non sono guarite e possono essere riaperte da nuove esperienze in qualsiasi momento. Ogni provocazione dal contenuto analogo ci colpisce proprio in quel punto, riaprendo la vecchia piaga dolorante.

La reazione attuale non è dunque determinata solo dall'offesa appena subita, ma anche da ciò che abbiamo vissuto finora nello stesso contesto. Il dolore non è soltanto presente, ma anche passato; la rabbia non è legata unicamente a questo momento, ma è la somma dei sentimenti di rabbia che abbiamo provato verso tutti coloro che ci hanno feriti fino a oggi: l'offensore non è un individuo singolo, bensì rappresenta tutti i "colpevoli" precedenti. Da una parte, ciò implica che il nostro comportamento sia più irruente del necessario e che agli occhi degli altri assumiamo un atteggiamento inopportuno o quantomeno incomprensibile. Dall'altra, significa che non percepiamo più l'interlocutore in modo adeguato, bensì lo consideriamo in un certo senso il rappresentante di tutte le persone che ci hanno fatto un torto in precedenza.

Isolde soffriva perché le sue relazioni di coppia naufragavano una dopo l'altra. In ogni nuovo partner vedeva il tanto atteso principe azzurro ed era sicura che sarebbe filato tutto liscio. Ce la metteva tutta per non ripetere i vecchi errori e per essere una partner dolce e attraente. Però, appena il suo compagno si mostrava un tantino distaccato, si sentiva ferita. Le esperienze sentimentali negative la spingevano a leggere in qualsiasi comportamento autonomo dell'altro una minaccia di separazione e di abbandono, cui reagiva cadendo nel panico.
Per dominare la paura iniziava a esercitare il controllo, affinché la situazione non le sfuggisse più di mano. La sua prepotenza, tuttavia, lasciava troppo poco spazio al partner, opprimendolo e inducendolo a chiudersi ancora di più in se stesso. Isolde non sopportava la situazione a causa della propria vulnerabilità, ma non era in grado di avere un confronto costruttivo con il compagno. Così lo insultava, lo rimproverava e dava in escandescenze. Era così seccata da non riuscire più a mettersi nei suoi panni e accorgersi di lui.

Il lavoro terapeutico è consistito nel rimetterla in contatto con se stessa e nell'identificare la ferita aperta dal comportamento autonomo del partner. È emerso che Isolde aveva perso il padre da piccola in un incidente d'auto. Quel lutto aveva gettato le basi per la paura della separazione e aveva contribuito alla formazione del punto debole. Durante le sedute, per la prima volta, è stata in grado di piangere la morte del genitore e di provare, e anche esprimere, la delusione e la rabbia dovute alla sua scomparsa. Ha scoperto anche che la sofferenza e la collera che la assalgono in caso di separazione sono legate ai sentimenti per il padre. Oltre a essere il bersaglio della delusione attuale, il compagno subisce così, per procura, le emozioni che in realtà sono rivolte al genitore.

Al partner la situazione appare completamente diversa. Interpreta la paura della donna come oppressione, senza sapere bene cosa succeda. Se in passato ha avuto esperienze negative con compagne soffocanti, viene colpito nel punto debole dal comportamento di Isolde. Potrebbe convincersi di non avere più nessuna libertà decisionale e di venire punito con la privazione affettiva per la sua richiesta di autonomia. Se la partner esercita il controllo, l'uomo si spaventa ed è costretto ad affermare la propria indipendenza per non soccombere alle pressioni. Con molta probabilità non immagina che la compagna viva questo atteggiamento come un rifiuto. Se invece ne è al corrente, può mostrarsi comprensivo, il che aiuta ad allentare la tensione. Allo stesso modo, Isolde riesce a concedergli più libertà se si immedesima nella sua storia e nel suo punto debole. Non è detto che la conoscenza delle vulnerabilità reciproche sia un antidoto contro le offese future, ma può mitigare l'impetuosità della reazione e spianare strade costruttive verso il confronto, senza che sia necessario separarsi o arrecarsi troppi danni.

Il punto debole e il rapporto con le esperienze offensive

- Quale punto debole viene toccato dall'offesa?
- Quale vecchia ferita viene riaperta dalla situazione attuale?
- La vostra reazione al comportamento dell'altro è giustificata, oppure l'interlocutore è il destinatario della rabbia rivolta verso una terza persona?
- Nell'offensore presente ne vedete forse uno passato?
- Quale reazione è diretta contro colui che vi ha offesi oggi, e quale contro coloro che vi hanno feriti in passato?
- Qual è la storia dell'altro, che cosa lo ferisce, quale punto debole avete colpito?

Ricordate che...

- il partner non può guarire le vostre vecchie ferite;
- i responsabili dei vostri sentimenti siete voi e non l'altro;
- la rabbia, i rimproveri e le accuse non risolvono il problema;
- bisogna essere comprensivi verso se stessi e l'interlocutore;
- il punto di vista dell'altro è diverso dal vostro.

Che cosa si può fare?

- Non esprimete subito i vostri sentimenti in modo esagerato; prima fate chiarezza in voi stessi.
- Aspettate almeno un giorno e una notte prima di reagire.
- Verificate le vostre ipotesi sulle intenzioni dell'altro.
- Prima di agire assicuratevi che i vostri sospetti siano fondati.
- Dite all'interlocutore cosa temete e di cosa avete bisogno per sentirvi sicuri.
- Chiedetegli cosa prova e cosa si aspetta da voi.

Metto tutto sul personale

Le esperienze che generano il punto debole ci instillano determinate idee nei confronti di noi stessi e degli altri. Per esempio, chi da bambino si è sentito rifiutato o addirittura è stato escluso, può fare un ragionamento di questo tipo: "Non ne faccio una giusta, sono la 'pecora nera' della famiglia, non mi vuole nessuno". A causa di questa convinzione vedrà il mondo e le altre persone dall'angolazione del possibile rifiuto. Su questo atteggiamento si innestano dubbi interiori, paure sociali e incertezza, che sono terreno fertile per la suscettibilità. Per via dell'insicurezza e del timore di fare qualcosa di sbagliato, un individuo di questo genere tende a mettere tutto sul personale e a proiettare su se stesso ogni negatività. Se per caso gli arriva all'orecchio un'osservazione mortificante, crede subito che sia indirizzata a lui; se nota che qualcuno ha un'aria contrariata, pensa automaticamente di aver commesso un errore; se entra in ufficio e i colleghi smettono di parlare all'improvviso, dà per scontato che stiano spettegolando sul suo conto; si sente responsabile anche del malumore di sua moglie. Sembra che il mondo ruoti intorno a lui e che gli altri vogliano solo complicargli la vita.

Per una persona così, il rischio di offesa è necessariamente molto alto, perché il soggetto dipende in misura notevole dalle reazioni dell'ambiente e dunque capta ogni segnale critico o svalorizzante. In questo modo conferma l'immagine negativa di se stesso, cosa che poi lo rende ancora più suscettibile e insicuro.

Le persone suscettibili mettono tutto sul personale

- Dubbi interiori, paure sociali e insicurezza sono terreno fertile per la suscettibilità.
- Gli individui suscettibili si contraddistinguono per la tendenza a proiettare su se stessi ogni negatività.
- Osservano l'ambiente circostante con estrema attenzione e registrano ogni emozione negativa.

- Si sentono sempre in colpa, anche quando non hanno alcuna responsabilità.
- Il più delle volte sono insicuri e hanno paura.

COME SI SUPERA UN SIMILE ATTEGGIAMENTO?

- Concentratevi sugli aspetti positivi e registrate elogi, complimenti, sguardi amichevoli e persino sorrisi da parte dell'interlocutore.
- Rafforzate la vostra autostima e permettete agli altri di trattarvi bene.
- Non accettate qualunque cosa vi venga proposta.
- Nel dubbio, domandate se l'osservazione negativa, lo sguardo contrariato o il rifiuto siano davvero indirizzati a voi. Se sì, chiedete il motivo.
- Ricordate che non siete responsabili o colpevoli di tutto.
- Abbiate il coraggio di ammettere il vostro eventuale ruolo nel conflitto. Solo così potrete trovare una soluzione soddisfacente.
- Verificate il vostro atteggiamento critico e svalorizzante nei confronti di voi stessi; forse state facendo a voi stessi ciò di cui accusate gli altri, ossia sminuirvi.
- Riflettete su come mortificate le altre persone con parole, sguardi o pensieri. Chi teme di essere sminuito tende a fare la stessa cosa agli altri.
- Anche se vi risulta difficile, concentratevi consapevolmente sui lati apprezzabili del prossimo.
- Una visione benevola degli altri migliora anche l'immagine di se stessi.

Non va mai bene niente

Il ragionamento "Non va mai bene niente" si concretizza in una costante insoddisfazione verso se stessi, il mondo e gli altri. Per questi soggetti, il clima è sempre troppo freddo o troppo caldo, e assumono questo atteggiamento in quasi tutte le situazioni: niente e nessuno riesce ad accontentarli. La conseguenza sono delusioni infinite, che preparano il terreno per un risentimento cronico. Non di rado questo stato d'animo si manifesta attraverso malattie o dolori indefiniti, sebbene il vero problema non sia fisico, bensì psichico.

Un individuo cronicamente offeso non soffre solo in prima persona, ma complica la vita anche agli altri, perché ostacola i confronti costruttivi. Provate a criticare un soggetto suscettibile o a fargli notare un errore. Non ci riuscirete, perché l'altro manderà giù indiscriminatamente qualunque cosa diciate e sprofonderà nel senso di colpa oppure si risentirà al punto di ridervi in faccia e accusarvi di malignità. Così venite "bypassati" perché non è più possibile discutere del problema con calma. Quando si perde una visione distaccata del proprio comportamento, viene a mancare anche la disponibilità a riconoscere il proprio ruolo nel conflitto. Allora restano solo gli estremi: o sminuirsi senza motivo e mettersi completamente in discussione o negare qualsiasi colpa. Diventa così impossibile trovare una soluzione costruttiva.

Irene aveva quarant'anni, era molto attraente e sempre cordiale. Di primo acchito, nessuno avrebbe immaginato che in cuor suo fosse amareggiata e profondamente delusa. In sostanza, tirava a campare, ma senza vivere davvero. Ha iniziato la terapia perché si sentiva depressa e si ammalava spesso. Per giunta, nella sua vita non c'era una sola cosa che funzionasse. Era insoddisfatta della sua professione e si lamentava di continuo degli incarichi poco stimolanti che le venivano assegnati. Se però le affidavano un compito di grande responsabilità, lo rifiutava per paura di non essere all'altezza. La sua situazione abitativa era problematica, perché Irene non sapeva esattamente dove volesse vivere e non trovava un appartamento adatto. Uno era troppo rumoroso, l'altro troppo piccolo, il terzo troppo fuori mano. Quando ne sceglieva uno, di lì a poco emergevano difficoltà quasi insuperabili.

Anche gli amici corrispondevano raramente alle sue aspettative, ragione per cui si lamentava spesso di loro. Se non si facevano vivi, si offendeva e si sentiva esclusa e indesiderata. Nessuno osava dirle in faccia che pochi sopportavano il suo modo di fare, perché una simile critica sarebbe stata accolta con violenti rimproveri e con la rottura del rapporto. L'atteggiamento di Irene era tutto improntato all'accusa, al rifiuto e alla diffidenza. Nella maggior parte dei casi, i responsabili della sua sofferenza erano gli altri, perciò li allontanava. Poi se ne pentiva, perché si sentiva sola e abbandonata. Quindi tornava a essere premurosa e cordiale finché non succedeva qualcos'altro che urtava la sua suscettibilità. A quel punto, il "gioco" ricominciava da capo.

Quando si trattava di scoprire quale fosse il suo ruolo nei conflitti relazionali, Irene si rifugiava nell'autoaccusa e nell'autocommiserazione oppure in un rifiuto carico di odio. Non riusciva a valutare il proprio comportamento senza sminuire se stessa o gli altri. Dopo qualche tempo, quando ha capito che la situazione non sarebbe cambiata senza il suo intervento e la sua assunzione di responsabilità, ha adottato questo atteggiamento anche nei confronti della terapia. Si sentiva offesa e delusa perché il trattamento non soddisfaceva le sue aspettative, così l'ha interrotto.

Le persone offese rendono la vita difficile a se stesse e agli altri.

SIETE VITTIME DELLA CONVINZIONE CHE "NON VA MAI BENE NIENTE"

- se siete quasi sempre insoddisfatti;
- se avete da ridire su tutto e su tutti;
- se volete sempre qualcosa di diverso rispetto a ciò che avete;
- se ciò che ottenete non basta, è sbagliato oppure arriva al momento sbagliato dalla persona sbagliata;
- se reagite con emozioni violente agli errori o alle critiche;
- se siete convinti che gli altri siano responsabili della vostra sofferenza;
- se rimproverate di continuo voi stessi e gli altri.

COME SI AFFRONTA IL PROBLEMA?

- Smettete di dare la colpa agli altri.
- Evitate gli estremi: non sentitevi responsabili di ogni cosa ma nemmeno di niente.
- Concentratevi sulla vostra responsabilità.
- Registrate consapevolmente tutte le cose positive che venite a sapere nel corso della giornata, a prescindere dalla persona che ve le riferisce.
- Se chiedete un riscontro agli altri, limitatevi ad ascoltare senza giustificarvi subito. Lasciate decantare le informazioni e prendete sul serio ciò che il prossimo apprezza e rifiuta di voi.
- Imparate dalle critiche, trovando il coraggio di cambiare senza sminuirvi come persona.
- Soffermatevi sul momento attuale e notate le cose che vanno bene.
- Siate soddisfatti e grati anche dei piccoli successi, perché le delusioni costanti gettano le basi per un risentimento cronico.
- Adottate una nuova mentalità: "Qualunque cosa mi accada, cercherò di trovarne i lati positivi".

Mi sono offeso perché tu...

I conflitti nascono quando gli individui stabiliscono un legame tra il comportamento dell'altro e il proprio benessere, secondo lo schema "soffro perché tu fai sempre..." oppure "sono felice solo quando tu...".

Questo rapporto di causalità può diventare fatale, perché ci fa scaricare sugli altri la responsabilità della nostra serenità, come se non avessimo un briciolo di indipendenza e se non potessimo prendere decisioni autonome.

Questi conflitti caratterizzano spesso le relazioni di coppia, perché naturalmente la salute emotiva è condizionata anche dal modo in cui il partner ci tratta. Dietro il messaggio "soffro perché tu..." si nasconde tuttavia molto altro: questo ragionamento contiene, primo, l'accusa secondo cui il compagno è colpevole della nostra sofferenza e, secondo, il desiderio che l'altro sia diverso da com'è. "Tu sei sempre in ritardo e io poi devo correre", "Tu sei sempre appiccicoso e io mi sento soffocare", "Tu sei così indipendente e io mi sento sola".

Dietro questi rimproveri si cela la speranza che in futuro il partner sia meno ritardatario, meno opprimente o meno autonomo. Così si starebbe meglio. In questi casi, a offendersi sono entrambi gli interessati. Colui che soffre perché l'altro arriva in ritardo non si sente preso sul serio nella propria esigenza di puntualità. Non di rado l'altro ha giustamente la sensazione di essere attaccato e condannato per qualcosa che non dipende dalla sua responsabilità.

Un confronto non offensivo richiederebbe di esporre i propri desideri al partner anziché rimproverarlo. Se, per esempio, il compagno non riesce a essere puntuale, la donna deve cercare di non ritrovarsi nella condizione di dover correre e fare in modo di uscire prima, così da arrivare a destinazione in tempo. Se impara a prendere le proprie decisioni e a provvedere autonomamente a se stessa, si sentirà meno offesa.

Ho avuto una paziente che corrispondeva a questo profilo. Si è stupita quando si è resa conto di quanta responsabilità scaricasse sul marito senza accorgersene. In passato avevano persino attraversato un periodo di separazione, durante il quale era stata costretta a organizzare autonomamente la propria vita e ad assumersi la responsabilità di se stessa. In quella fase di solitudine era diventata molto più autosufficiente, benché avesse sofferto per la lontananza dal partner.

Tuttavia, quando era tornata a convivere con il compagno, aveva perso nuovamente l'autonomia e la sicurezza personale che aveva conquistato. All'inizio si è sentita amata e considerata a sufficienza, ma poi questa sensazione è andata via via scemando. Così è diventata sempre più depressa, insicura e dipendente, perché traeva forza solo dall'affetto del marito. Quando le sue premure venivano a mancare, la donna temeva di restare ancora sola.

Poiché la sua fiducia nel compagno e nella durata del rapporto aveva subito uno scossone, ha avuto bisogno di molto incoraggiamento per imparare a fidarsi di nuovo. Ha continuato a subordinare il proprio benessere al marito e al suo comportamento. Le ho chiesto cosa avrebbe fatto se fosse stata sola e se lui non fosse stato in grado di soddisfare le sue esigenze. Ha risposto senza pensarci due volte: "Intensificherei i contatti con gli amici e li apprezzerei di più. Uscirei più spesso. Frequenterei un corso per imparare a conoscere meglio me stessa e a essere più forte. E cercherei di divertirmi di più". Come sarebbero stati i rapporti fra i due coniugi se la paziente avesse messo in pratica prima questi propositi?

Le parole "mi sono offeso perché tu..." generano confusione e conflitti.

Il conflitto

- Le offese nascono perché stabilite un legame tra il vostro benessere e il comportamento dell'altro.
- Nelle relazioni tendete facilmente a scaricare la responsabilità sugli altri.
- Vi offendete quando il vostro bisogno di affetto non viene appagato per paura della dipendenza.
- Viceversa, offendete l'altro quando ignorate la sua esigenza di autonomia per timore dell'abbandono.
- I rimproveri reciproci esacerbano il conflitto e sfociano in nuove offese.

La soluzione

- Ricordate che il conflitto esteriore rimanda a un conflitto interiore irrisolto.
- Date un contributo attivo alla ricerca della soluzione, anziché pretenderla dal partner.
- A poco a poco sforzatevi di sganciare il vostro benessere dalla figura del compagno, senza per questo rinunciare alla relazione.

Sei troppo appiccicoso

Nelle relazioni di coppia, molte offese scaturiscono da problemi di vicinanza e distanza. In questi casi, un partner si lamenta dell'eccessivo desiderio di attaccamento del compagno, e l'altro soffre per l'atteggiamento distaccato del marito o della moglie. L'uomo si chiude in se stesso e comunica il messaggio: "Soffro quando sei troppo appiccicosa". In altre parole, starebbe meglio se la donna mantenesse maggiormente le distanze. Dal suo punto di vista, la "patata bollente", ossia la responsabilità della convivenza serena, è solo della partner, che è tenuta a non asfissiarlo. Se funzionasse davvero così, ci basterebbe trovare la persona ideale, capace di non avvicinarsi e di non allontanarsi mai troppo. Ma nemmeno il partner perfetto potrebbe aiutarci perché, in realtà, il problema è dentro di noi. Che cosa significa?

Nel conflitto vicinanza-distanza esiste perlopiù un'ambivalenza tra:

1. il desiderio di attaccamento e la paura della dipendenza;
2. il desiderio di autonomia e la paura dell'abbandono.

I due poli sono equivalenti e non sappiamo quale scegliere.

In generale ci attribuiamo un solo polo, per esempio quello del desiderio di attaccamento, e scarichiamo sul partner l'altro, in questo caso la paura della dipendenza. Non è necessario che la proviamo anche noi, perché lasciamo, per così dire, che sia il compagno a viverla. Lo stesso vale per l'autonomia e l'abbandono. Uno dei due vive l'autonomia e si comporta in modo autosufficiente e indipendente, e l'altro ha paura di essere abbandonato. Dall'esterno si ha l'impressione che uno sia propenso alla vicinanza e l'altro alla distanza. Questa divisione dei compiti sfocia però automaticamente in una serie di conflitti, perché nessuno dei due riesce ad accontentare l'altro. Uno si avvicina troppo, l'altro è troppo lontano, e ciascuno disattende le aspettative del partner con il suo comportamento unilaterale.

Solo quando trasformiamo il conflitto esteriore in interiore, ci avviciniamo alla soluzione. A questo scopo è necessario cercare dentro di sé l'altro lato, di cui fino a quel momento si è fatto carico solo il partner. In altre parole, occorre rendersi conto tanto del proprio desiderio di vicinanza e della propria paura della dipendenza quanto dell'esigenza di autonomia e del timore dell'abbandono: come l'altro, anch'io temo la dipendenza e cerco la distanza nell'autonomia. Come me, anche l'altro cerca la vicinanza, perché ha paura di essere abbandonato. Solo così riusciamo a essere comprensivi verso i bisogni del compagno e a vivere "sulla nostra pelle" l'idea che autonomia non significhi affatto piantare in asso l'altro, bensì realizzare le proprie idee. Ciò arricchisce la convivenza invece di distruggerla con l'offesa.

L'altra è felice con lui

Spesso si osservano intense reazioni di offesa nelle coppie separate quando uno dei due partner intraprende una nuova relazione. Anche se la rottura risale ad anni o a decenni prima, il pensiero che l'altro sia felice con un'altra persona può essere doloroso. Ciò non vale solo per chi è stato lasciato, ma anche per chi, a suo tempo, ha interrotto il rapporto.

Posso citare l'esempio di una coppia che vive separata da quindici anni e che ha divorziato dieci anni fa per volontà della moglie. La donna non capisce come sia possibile che l'ormai ex marito si sia felicemente risposato. È come se fosse rosa da un tarlo. Quando le chiedo se tornerebbe a vivere con lui, risponde con un secco "no", perché sa che l'amore per quest'uomo si è spento da anni. Ma perché oggi continua a offendersi se i figli, adulti e sposati a loro volta, si trovano bene tanto con il padre e la sua attuale moglie quanto con lei? Forse perché non sopporta che un'altra donna sia felice con l'uomo cui lei ha dato il benservito?

Che fine hanno fatto i difetti che non sopportava più in lui? Il suo ex è cambiato fino a questo punto? Era forse lei a spingerlo a essere così distratto e scorbutico? L'altra donna è così dolce da averlo trasformato all'improvviso in un partner impeccabile, con cui si può convivere magnificamente?

Tutti questi dubbi e quesiti esprimono la paura di aver fallito come donna là dove un'altra ha avuto successo. Il buon andamento della nuova relazione dimostra che le cose con quest'uomo avrebbero potuto funzionare, perciò l'ex moglie tende a incolpare se stessa.

I rimproveri e i dubbi interiori erodono l'autostima e hanno lo stesso effetto delle offese, con la differenza che non provengono dall'esterno, bensì dall'interno. Le persone offendono se stesse sminuendosi e sottovalutando la propria importanza per sé e per gli altri. Oppure si impongono aspettative talmente ambiziose da essere irrealizzabili. Queste auto-offese non sono meno nocive degli affronti inflitti dagli altri e impediscono agli interessati di vivere in pace con se stessi.

In queste circostanze, tuttavia, non si può aspirare alla conciliazione nemmeno con l'ex marito e con la sua nuova moglie. Ciò comporta un potenziale di offesa verso l'uomo e la sua attuale compagna, che probabilmente si sentono rifiutati e tagliati fuori. Nel corso degli anni, questo atteggiamento può scavare un profondo divario tra gli interessati, unito a numerose ferite reciproche.

CHE COSA FARE IN UNA SITUAZIONE DI QUESTO TIPO?

- Evitate di mettervi a confronto con la nuova compagna del vostro ex, perché i paragoni di questo genere sono controproducenti per tutti.
- Se siete contente che il vostro ex sia felice, sbarazzatevi dell'invidia e della gelosia.
- Al fallimento della relazione avete contribuito entrambi, non solo voi.
- Quando si smette di sminuirsi, si finisce anche di rimproverarsi.
- Siate più sicure di voi stesse.
- Instaurando un rapporto sereno con il vostro ex marito, può darsi che in lui troviate un amico.

La dipendenza – una protezione da nuove offese

Le dipendenze possono essere sintomo di profonde esperienze di offesa e del conseguente distacco dalla vita. Con alcol, droga, consumo smodato di cibo, bulimia, anoressia, ludopatia, tv, lavoro, ipersessualità, dipendenza relazionale e navigazione ossessiva in Internet, le persone hanno la possibilità di "evadere". Dietro questi comportamenti si nasconde il desiderio di proteggersi da ulteriori offese, secondo il motto: "Meglio fuggire che ricevere altri affronti". Questi soggetti inglobano ossessivamente sostanze e azioni per prendersi ciò che, in apparenza, la vita ha negato loro. Il rischio però è alto: solitudine, mancanza di autonomia, malattia, infelicità, diffidenza, risentimento cronico possono essere il prezzo da pagare per questi comportamenti.

Dietro il "no" categorico nei confronti del mondo e della vita si annida un'ostinazione negatrice. Chi conosce l'ostinazione sa quanto possa essere forte. L'offeso pianta baracca e burattini, si estrania, non vuole più sapere niente di niente e si nega.

È capitato anche a Gabriela, che da anni soffriva di una grave forma di bulimia. Durante la psicoterapia ho constatato che era delusa e offesa dalla vita e che pertanto aveva rifiutato l'esistenza e le sue regole. Si ostinava a non voler riconoscere che le leggi della vita valevano anche per lei. Di conseguenza desiderava sempre qualcosa di diverso, voleva coltivare il proprio orticello e si arrendeva appena la situazione diventava troppo complicata o quando non otteneva ciò cui aspirava.

Il suo atteggiamento è esemplificato dall'ordinazione che ha fatto in un ristorante: "Vorrei un'insalata, ma non così come compare sul menù. Niente prosciutto, con formaggio e pomodori su un piattino a parte e con la salsa in una ciotolina. Ah, e niente aglio, mi raccomando, perché sono allergica". Quando il cameriere ha risposto che non era possibile, Gabriela non ha detto: "Allora mi porti l'insalata così com'è, poi scelgo quello che mi piace", bensì "Allora non prendo niente". Tradotto: o le cose funzionano alle mie condizioni e secondo le mie regole oppure non ci sto. Preferisco digiunare che prendere quello che c'è. In questo modo digiunava nel vero senso del termine, come dimostrava anche il suo disturbo alimentare.

L'offesa consisteva nel fatto che Gabriela pretendeva troppo dal mondo e dagli altri, e così restava perennemente delusa. Rivolgeva contro se stessa l'aggressività derivata dalla frustrazione, sotto forma di insulti, comportamenti poco salutari, consumo eccessivo di cibo e vomito. All'esterno si mostrava ostinata e incline a sminuirsi.

Per trasformare il "no" alla vita in un "sì", Gabriela doveva innanzitutto essere disposta ad accettare le condizioni dell'esistenza e capire che al mondo c'erano molte più cose di quante credesse. Infatti, anche in un'insalata che non corrispondeva al suo ideale erano contenuti ingredienti che le piacevano. Benché la vita offrisse qualcosa di diverso da ciò che cercava, poteva essere utile accettarlo, anziché restare a mani vuote.

La dipendenza

- Spesso le dipendenze si innestano su precedenti esperienze di offesa.
- Di solito gli individui dipendenti hanno la sensazione che la vita sia in debito con loro e che li abbia svantaggiati.
- Le conseguenze sono la delusione e il rifiuto ostinato della vita.
- Questi soggetti ragionano così: "Non ce la faccio più. Preferisco isolarmi che subire altre offese".
- La fuga dalla realtà tramite le dipendenze dà l'illusione di essere immuni da nuovi affronti.

La soluzione

- La dipendenza non è una soluzione, bensì una malattia.
- La dipendenza esprime la ricerca di appagamento e significato. Gli avversari sono l'ostinazione e il rifiuto.
- Con l'ostinazione danneggiate più voi stessi che gli altri, perché alla fine rimanete a mani vuote.
- Ricordate: le regole valgono anche per voi, ma potete fare in modo che siano proficue.

L'amore non corrisposto

Il rifiuto dell'amore è un tema fondamentale quando si parla di offese. L'argomento viene discusso in numerosi saggi e trattato in thriller e romanzi d'amore, in film, fiabe e saghe, in articoli e annotazioni di diario. Ciascuno di noi ha vissuto questa esperienza e ci troviamo di fronte a rifiuti sempre nuovi. Quando amiamo e non siamo corrisposti, possiamo offenderci al punto di uccidere qualcuno, suicidarci, diventare autolesionisti, sentirci sconvolti, avere l'impressione che ci sia stato tolto il terreno da sotto i piedi e perdere la testa.

La reazione di offesa in caso di rifiuto da parte di una persona amata ci colpisce particolarmente perché reagiamo con molta più intensità alle ferite inflitteci dai nostri cari che a quelle inferte da individui con cui non siamo in rapporti così stretti. Infatti diamo per scontato che i primi siano bendisposti nei nostri confronti e dunque non ci respingano. In queste circostanze, il rifiuto può determinare una fortissima reazione di offesa con un notevole indebolimento dell'autostima, soprattutto quando attiva il senso di inferiorità e comunica il messaggio: "Non sei degno di essere amato, non sei desiderabile, non sei abbastanza bravo". Se la nostra autostima è già vacillante, traiamo questa conclusione: "Non valgo nulla, sono inutile". Se in una situazione di questo tipo riusciamo invece a conservare il rispetto per noi stessi, a entrare in contatto con la nostra anima, con i nostri sentimenti e bisogni, e a renderci indipendenti, rafforziamo l'autostima e affrontiamo il rifiuto in modo più costruttivo, seppure doloroso.

Vorrei chiarire il concetto con un esempio.

Quando Hanne e Bernd sono usciti insieme per la prima volta, è scoccato il colpo di fulmine. L'aria era così carica di elettricità che avrebbe potuto accendere una lampadina. Hanno ceduto all'attrazione reciproca e Hanne si è innamorata. Dopo alcune settimane, tuttavia, lui ha cominciato a chiudersi in se stesso, e ciò l'ha riempita di inquietudine. Quando lei gli ha chiesto spiegazioni, Bernd ha risposto: "Non sono innamorato di te". Per Hanne è stato un duro colpo, anche se aveva già percepito un cambiamento. Non ha capito la sua condotta e ha reagito con una profonda tristezza. Quest'ultima l'ha aiutata a evitare di cadere nel circolo vizioso dell'offesa, e di sfogarsi, per esempio, con rimproveri o accuse. Hanno deciso di non vedersi per qualche tempo e di riprendere i contatti in seguito. A quel punto è accaduto ciò che succede di solito nelle situazioni di offesa: Hanne ha ricordato gli episodi del passato che avevano a che fare con il rifiuto e che hanno alimentato la malinconia. Si è resa conto che non piangeva solo per la delusione più recente, bensì anche per altre cose, sebbene non ricordasse esattamente quali.

In parte si trattava della paura di essere abbandonata, della tristezza al pensiero di perdere Bernd, della difficoltà a capire perché le sue storie finissero sempre male e del bisogno di parlare con altre donne e di chiedere consiglio e sostegno. È quello che ha fatto. A confortarla è stata anche la consapevolezza che lui era bendisposto nei suoi confronti e che lei poteva contraccambiare. L'odio non ha avvelenato i suoi sentimenti. Pian piano si è tranquillizzata e ha iniziato a concentrarsi su se stessa.

Di lì a qualche giorno, Hanne e Bernd hanno discusso dell'accaduto. Lei ha cercato di spiegargli cosa sentiva, ma è riuscita a farlo solo con una metafora.

"Amarti è come nuotare in un mare agitato. Sentirti dire che non sei innamorato di me è stato come essere travolta da un'onda gigantesca che mi ha scagliato sulla spiaggia. Ha fatto molto male, perché mi sono escoriata la pelle, ma ha avuto anche un risvolto positivo. È come se fossi rinata, come se fossi tornata ad avere la terra sotto i piedi." Bernd ha reagito con grande sollievo, perché si è liberato di un peso e ha potuto esprimere i propri sentimenti positivi nei confronti di Hanne. Poiché si era riscoperta, lui ha avuto la possibilità di avvicinarsi senza più temere di doversi assumere la responsabilità del suo benessere, come invece era accaduto prima.

Quando il nostro amore non è corrisposto, spesso abbiamo la sensazione di essere sminuiti come donne (o come uomini). Alla fine di una conferenza sulle offese, una signora mi ha domandato come avrebbe dovuto comportarsi se negli anni successivi suo marito l'avesse sostituita con una partner più giovane. Non ha parlato di separazione o di abbandono, bensì di sostituzione: come se fosse un vecchio motore guasto che stava per essere rimpiazzato da uno nuovo e più potente. Questa similitudine non sottintende l'immagine di una donna sicura di sé, bensì ferita e svilita, ma allo stesso tempo anche l'idea negativa dell'uomo insensibile ed egoista. Salvaguardare la dignità femminile è un obiettivo importante che, dopo un rifiuto, le donne non devono perdere di vista. Sono infatti preziose e conservano il loro valore anche senza un uomo al loro fianco. Inoltre è indispensabile rivedere l'immagine negativa del partner maschile, perché non tutti gli uomini che abbandonano le compagne sono cattivi.

Lui, viceversa, deve domandarsi: quale immagine ho di me stesso come marito abbandonato, e delle donne in generale?

Lo stesso vale per le relazioni omosessuali. Da una parte, la separazione genera dubbi interiori e senso di inferiorità; dall'altra, mette in discussione l'immagine del partner. Se le aspettative di immedesimazione e l'esigenza di contatto rimangono insoddisfatte, a una donna viene quasi automatico accusare la compagna di comportarsi come un uomo.

Un uomo può subire un grave affronto alla propria virilità quando viene lasciato dalla moglie per un'altra donna, come è successo ad Artur. Non si è sentito ferito solo perché la moglie l'aveva piantato, ma anche perché si era innamorata di una donna. Ha avuto la sensazione di essere sminuito, di non bastarle come marito e di non valere niente per lei. Così ha messo in dubbio tutta la relazione: "Che cosa sono stato per mia moglie in tutto questo tempo? Perché mi ha preso in giro? Chi era in realtà? I suoi sentimenti per me erano sinceri oppure era tutta una menzogna?". Offeso, ha contrattaccato e l'ha insultata definendola la feccia dell'umanità. Non è riuscito ad accettare questa forma di sminuimento, sebbene lei non avesse mai inteso il nuovo amore come una svalorizzazione del marito. Artur, tuttavia, non le ha creduto.

Di tanto in tanto, nell'età adulta, si ripropongono forme di rifiuto in cui siamo incappati da bambini. Per esempio, un'amica mi ha raccontato che ogni volta che sua madre si arrabbiava con lei, girava la sua fotografia e la rigirava solo quando il conflitto si appianava, il che poteva richiedere anche molto tempo. Per Angelika, quel gesto era espressione di un grave rifiuto. Quando, a trentacinque anni, ha attraversato un periodo di crisi con il partner, una sera è tornata a casa e ha visto sul tavolo la propria foto girata. Ha avuto un senso di déjà vu e si è sentita profondamente ferita. Il significato che attribuiva a quel gesto si è poi tradotto in un fatto concreto: lei e il compagno si sono lasciati qualche settimana dopo. Angelika ricorda tuttora questa scena, insieme all'offesa che sua madre le infliggeva quando girava la fotografia, quasi come se lei non esistesse più. Essere ignorati da qualcuno è un duro colpo per la nostra dignità.

IL DOLORE DELL'AMORE NON CORRISPOSTO

- Amate e non siete ricambiati oppure venite lasciati.
- Reagite con varie forme di sconvolgimento psichico, dalla violenza all'autodistruzione o al profondo disorientamento.
- La vostra autostima vacilla e vi sentite rifiutati e svalorizzati come persone.

COME REAGIRE?

- Riconoscete i sentimenti scatenati dal rifiuto.
- Inspirate ed espirate a fondo, con calma.
- Cercate conforto.
- Non sminuite voi stessi e l'altro.
- Evitate le accuse maligne, che non trovano riscontro nella realtà.
- Prendetevi una pausa per riordinare idee e sentimenti.
- Riprendete i contatti con il partner e discutete di cosa sta succedendo tra voi.
- Siate comprensivi uno verso l'altro.
- Se non ce la fate da soli, chiedete aiuto a consulenti, terapisti o mediatori.
- Rispettatevi sempre come donna e come uomo.

I pregiudizi possono offendere

In un articolo della "Süddeutsche Zeitung" (24 febbraio 2012) sono elencati i pregiudizi ancora diffusi in Germania. Ecco un breve estratto del testo, che forse vi colpirà come ha fatto con me.

> Lunedì 20 febbraio 2012, l'educatore Gökan Akgün, un maestro delle elementari e una dozzina di alunni di età compresa tra i dieci e gli undici anni sedevano in metropolitana di superficie, diretti al bowling. Era un giorno di vacanza, perché era lunedì grasso. I bambini, la maggior parte dei quali figli di immigrati, erano entusiasti. Tra le stazioni di Ostbahnhof e Alexanderplatz, la gioia ha ceduto il passo allo sgomento. Un uomo e una donna tedeschi hanno cominciato a insultare il gruppo. "Ci sono stranieri ovunque," ha sibilato la signora. "Tornatevene a casa!" L'uomo ha osservato: "La gente come voi bisognerebbe mandarla alle camere a gas. Una volta la mandavano ad Auschwitz!". Gökan Akgün e il maestro sono rimasti sconcertati. I bambini non avevano idea di cosa fosse Auschwitz e non capivano perché sarebbero dovuti tornare a casa. "Ma signor Akgün," ha detto una bambina, "siamo già a casa."
>
> Tutti avevano udito le parole dei due tedeschi, ma nessuno ha reagito. Il conducente, avvertito da Gökan Akgün, non ha voluto interrompere la corsa per chiamare la polizia.

Le discriminazioni apparentemente trascurabili contro popoli, razze, sessi, religioni, professioni, disabili e stranieri si sono radicate anche nella nostra mentalità e nel comportamento quotidiano. I pregiudizi – sia quelli che abbiamo nei confronti degli altri sia quelli che subiamo in prima persona – determinano la vita di tutti noi. L'amministratore del condominio ha ignorato per anni la mia richiesta di far riparare la serratura della finestra nel mio studio. Quando il nuovo inquilino, un uomo, ha fatto la stessa segnalazione, lui ha risposto: "Provvedo subito". Come donna, sono rimasta senza parole.

Durante un sondaggio televisivo, la maggior parte degli interpellati, alla domanda "Ha pregiudizi?" ha risposto "No". Sembra molto imbarazzante ammettere pubblicamente di avere preconcetti, perché così ci si espone a un nuovo pregiudizio: razzista, nemico dei bambini, misogino, perbenista eccetera. Forse è per questa ragione che quasi tutti tacciono e negano i propri pregiudizi. In questo modo restano nell'ombra e si sottraggono a un cambiamento necessario. Infatti, solo se creiamo un clima in cui siamo autorizzati a confessare i nostri preconcetti, a rifletterci sopra, a discuterne con gli altri e a raffrontarli con la realtà, queste idee diventano meno distruttive e, nella migliore delle ipotesi, possono modificarsi.

Nei gruppi di autocoscienza e di terapia in cui i partecipanti non si conoscono, si ricorre spesso a questo esercizio: all'inizio si dà a ciascuno il tempo di esporre agli altri i propri pregiudizi, e alla fine delle sedute si verifica se e come siano cambiati. Emergono dettagli sorprendenti. L'aspetto più importante dell'esercizio mi sembra il fatto che i preconcetti diventino meno importanti quando possono essere esternati e quando vengono cancellati in tutto o in parte dal contatto concreto.

Per la maggior parte delle persone è molto imbarazzante ammettere pubblicamente i pregiudizi.

COME LIBERARSI DEI PREGIUDIZI?

- L'ignoto suscita non solo curiosità, ma anche paura, incertezza e spesso pregiudizi.
- I preconcetti negativi infondati sono azioni di offesa che possono ferire gli altri.
- Ammettete i vostri pregiudizi ed esponeteli alle persone di cui vi fidate.

- I metodi più efficaci per superarli sono il contatto diretto con l'altro e le esperienze positive vissute con lui.
- Alcuni pregiudizi trovano riscontro nella realtà e diventano giudizi, altri si dimostrano ingiustificati.

Gli scheletri dell'offesa vivono a lungo

Spesso le situazioni di offesa finiscono con la rottura del rapporto. Non vogliamo avere più niente a che fare con "una persona simile, che ci ha fatto molto male". Almeno sul piano psicologico, per noi è morta. Tronchiamo la relazione, non ci mettiamo più in contatto con l'individuo in questione e lo chiudiamo nell'armadio come il proverbiale scheletro. In questo modo speriamo di sbarazzarcene. Ma ci sbagliamo di grosso! Gli scheletri non sono morti. Ce ne accorgiamo nel momento in cui udiamo il nome di quella persona. In quell'istante riemergono tutti i vecchi sentimenti: rabbia, delusione e il rifiuto. Iniziamo a sparlare di lei con gli altri e a lamentarci di cosa ci ha fatto, pronunciando parole che certo non le avevamo mai detto in faccia. Oppure, nel caso in cui lo abbiamo fatto, ormai i contatti si erano interrotti e non ci importava più di avere un chiarimento. Così conserviamo un legame negativo con l'autore dell'affronto.

Mi sono resa conto di quanta energia psichica costi uno scheletro dell'offesa quando ho incontrato un'ex amica che avevo chiuso nell'armadio (in senso metaforico, ovviamente). È venuta da me, mi ha teso la mano e mi ha salutata. In cuor mio ho provato un profondo sollievo, benché il vecchio conflitto non si fosse risolto. Non era questo l'essenziale. La cosa più importante era seppellire lo scheletro e avere la possibilità di separarmi da lei in buoni rapporti.

Anche se non vogliamo più avere a che fare con gli ex scheletri, è fondamentale seppellirli per potersene liberare. Esistono diversi metodi. Potete contattare direttamente l'interessato e discutere del problema. Se non ne avete voglia o se l'altro non è più rintracciabile, potete condurre il dialogo nella vostra immaginazione. Fate sedere l'interlocutore di fronte a voi e "raccontategli" tutto ciò che vi opprime. Poi potete anche calarvi nel suo ruolo e rispondere come se foste lui. Scoprirete cose interessanti.

Se lo trovate troppo personale, potete scrivere una lettera nella speranza di ricevere una risposta, che conserverete o addirittura brucerete una volta che avrete detto addio all'offensore.

SEPPELLITE GLI SCHELETRI DELL'OFFESA

- Gli scheletri dell'offesa costano molta energia psichica.
- Seppelliteli mettendovi in contatto diretto o immaginario con le persone in questione.
- Gli obiettivi sono il distacco e la separazione in buoni rapporti.
- Dimenticate e non ossessionate i vostri scheletri con pensieri negativi.
- In questo modo si stabiliscono pace e conciliazione.

3.

Quando siamo noi a offendere gli altri

Per favore, non metterla sul personale

Per evitare in partenza di offendere gli altri, spesso introduciamo le critiche o i commenti negativi con le parole: “Per favore, non metterla sul personale” o “Per favore, non prendertela, ma devo dirti che...”. Partiamo dal presupposto che l’interlocutore possa arrabbiarsi o offendersi per le nostre osservazioni e lo avvertiamo in anticipo che non deve aversene a male. Ci teniamo a comunicargli che non abbiamo intenzione di ferirlo. Queste frasi concilianti sono, da un lato, messaggi utili per un contatto privo di attriti e, dall’altro, anche una specie di autoassoluzione: “Se preciso che non lo dico con cattiveria, non ho bisogno di rimproverarmi o di sentirmi in colpa”. Tuttavia segnaliamo all’altro anche la nostra capacità di immedesimazione, proteggendolo sin dall’inizio da eventuali ferite. Se siamo fortunati, l’interlocutore si sente preso in considerazione e rafforzato nell’autostima.

Però non sappiamo se il tentativo di conciliazione sarà efficace, perché non siamo noi a decidere se l’altro capirà le nostre buone intenzioni oppure no. Per quanto possiamo essere cauti ed empatici, nulla garantisce che l’interessato non si offenda, perché la reazione non rientra nella nostra responsabilità, bensì nella sua. Non possiamo condizionare il modo in cui interpreterà il nostro comportamento. Possiamo solo mettercela tutta per essere rispettosi e per non sminuirlo, disdegnarlo, escluderlo, attaccarlo verbalmente o nuocere in altro modo alla sua autostima. Viceversa è molto probabile che feriamo l'interlocutore con un comportamento svalorizzante o sdegnoso. Però sta a lui decidere se accettare la mortificazione oppure no, come ho spiegato quando ho citato l'intervista a Morgan Freeman (p. 17).

Pertanto vorrei ribadire che l'affermazione "Mi hai offeso" andrebbe sostituita con "Mi sento offeso da te". Non è corretto nemmeno parlare di offensore. Sarebbe meglio parlare di qualcuno da cui gli altri si sentono offesi. Tuttavia, per comodità, utilizzerò ugualmente il concetto di offensore.

L'esperienza di offendere qualcuno

Spesso conosciamo il ruolo dell'offensore meno di quello dell'offeso, forse perché il primo riesce a mettere una maggiore distanza emotiva tra sé e l'accaduto rispetto al secondo. All'udire la parola "offesa", molte persone pensano invece di aver ferito qualcuno anziché essere state vittime di una mortificazione. Dunque si direbbe che nemmeno il ruolo dell'offensore sia indolore per noi. La nostra prima reazione quando qualcuno si sente offeso da noi è il rimorso, accompagnato dall'accusa: "Ho fatto qualcosa di male". Ci spaventiamo all'idea di aver umiliato un'altra persona anche se non era nostra intenzione, oppure ci infuriamo perché l'interlocutore è così permaloso. Cerchiamo di tranquillizzarlo e di discolparci: "Non prendertela, non volevo dire questo". Tuttavia l'altro si è già offeso e ormai possiamo solo sperare di mitigare la veemenza della reazione.

Il comportamento dell'interessato diventa spesso un'offesa per noi, perché ci appare eccessivo o incomprensibile, oppure perché ci colpisce nel punto debole o ci mette in cattiva luce. Ci sentiamo feriti, fraintesi, rifiutati, pieni di rimorso, inferiori, arrabbiati e tendiamo a troncare il rapporto. L'esempio seguente dimostra come i sentimenti che si provano nel ruolo dell'offensore siano simili a quelli che assalgono l'offeso.

Avevo trascorso una magnifica giornata d'estate nel giardino di due amici e colleghi. A un certo punto abbiamo iniziato a chiacchierare di quale professione avremmo scelto se non fossimo stati psicoterapisti. Jörg, che ama mangiare e cucinare, ha dichiarato che avrebbe aperto un ristorante. Più tardi, mentre affettava il prosciutto, ho commentato in tono scherzoso: "Se avrai un ristorante, devi però toglierti le fette di prosciutto dagli occhi". Non l'ho detto con cattiveria e non avevo intenzione di rimproverarlo; volevo solo essere spiritosa. Tuttavia, quando ho notato la sua espressione cupa e il suo sguardo torvo, ho capito che non mi aveva trovata divertente e che si era offeso. Mi sono stupita della sua reazione perché non l'avevo mai considerato una persona permalosa e non immaginavo che la mia osservazione potesse ferirlo. Spaventata dall'intensità della sua reazione, ho deciso di stare sulle mie per un po'. Era l'unica cosa giusta da fare. Ho sfruttato la pausa per schiarirmi le idee e mi sono resa conto di essermi offesa a mia volta perché mi ero sentita fraintesa e accusata, come se avessi fatto qualcosa di grave. Mi ha irritata il pensiero che Jörg se la fosse presa per una semplice battuta. Non mi meritavo una reazione di quel tipo. Ho cominciato a oscillare tra due impulsi: cercare la colpa in me stessa e criticare lui per la sua ipersensibilità. Allo stesso tempo ho fatto mente locale sulle mie problematiche e sui miei punti deboli: il timore di aver sbagliato qualcosa, e dunque di aver guastato l'atmosfera, e di essere rifiutata. Solo con il tempo ho capito che forse la reazione di Jörg non dipendeva tanto dal mio commento quanto da lui che non aveva colto il mio tono scherzoso. Alla fine è emerso che avevo ragione. Sono riuscita a calmarmi e a non sminuire né me stessa né il mio amico. Potevo stare tranquilla e non ero tenuta a giustificarmi o a porre rimedio alla situazione. E non era necessario sminuire Jörg perché non aveva capito lo scherzo. Ho salvaguardato la mia autostima anche a rischio di essere giudicata stupida, cosa che tuttavia non è accaduta. Il contatto successivo si è svolto all'insegna dell'armonia, senza problemi.

Ho descritto la situazione nel dettaglio per illustrare cosa succede nel nostro cuore e nella nostra testa quando offendiamo qualcuno. Lo schema è identico a prescindere dalla gravità dell'affronto. Se prestiamo attenzione ai pensieri, agli atteggiamenti e ai sentimenti, abbiamo la possibilità di agire in modo ragionevole e non ci ritroviamo in balia delle emozioni.

Regina, una mia paziente, mi ha telefonato e mi ha comunicato di punto in bianco che voleva interrompere la terapia. Non riuscivo a spiegarmi la sua decisione ed ero curiosa di conoscerne il motivo. Così abbiamo fissato un nuovo appuntamento per discutere della questione. È saltato fuori che si era risentita quando, dopo l'ultima seduta, aveva incrociato un'altra paziente in corridoio. Era accaduto solo perché avevo terminato in anticipo il colloquio. Il problema di Regina non era tanto l'incontro, quanto il fatto che l'altra donna fosse più snella e dunque, ai suoi occhi, più attraente e amabile. Aveva pensato che io fossi automaticamente più bendisposta nei confronti dell'altra paziente, perciò aveva concluso che tanto valeva non presentarsi più. Per fortuna ha cambiato idea e ha concesso a me e a se stessa la possibilità di risolvere il conflitto. Regina si è resa conto dell'offesa provata e si è confrontata con me. Quando mi ha parlato francamente, le ho esposto il mio punto di vista e le ho spiegato che per me la situazione era molto diversa, assicurandole che la stimavo e che lavoravo volentieri con lei. Alla fine abbiamo proseguito la terapia con ottimi risultati.

Spesso ci sentiamo impotenti e indifesi quando feriamo qualcuno, soprattutto se non abbiamo occasione di chiarire che non intendevamo mortificarlo, perché non riusciamo più a parlargli o perché l'altro rifiuta il dialogo e le scuse. Allora è impossibile risolvere il problema e ci sentiamo piantati in asso. Se l'interessato è una persona per noi importante, non di rado impieghiamo molto tempo per ritrovare la serenità, per smettere di rimproverarci e per riconciliarci con noi stessi.

LE REAZIONI DI CHI OFFENDE

- All'inizio vi allarmate, vi sentite in colpa e vi pentite del vostro comportamento.
- Quando l'altro si offende, può darsi che vi infastidiate se non capite il suo comportamento, se vi sentite fraintesi e rifiutati o colpiti nel punto debole.
- Per evitare di mortificare l'interlocutore, esordite scusandovi o precisando le vostre buone intenzioni.
- Se ferite qualcuno senza accorgervene, avvertite l'esigenza di rimediare.
- Se non ne avete la possibilità, non riuscite a risolvere il problema e potete impiegare molto tempo per riconciliarvi con voi stessi.

CHE COSA FARE

- Prendetevi una pausa, allontanatevi per tutto il tempo che lo ritenete necessario.
- Allontanarsi non significa troncare la relazione, bensì stare sulle proprie, ma con la possibilità di riprendere i contatti.
- Sfruttate questo periodo per chiarire i vostri sentimenti, pensieri e reazioni nei confronti dell'interlocutore.
- Cercate di essere comprensivi con voi stessi e con l'altro.
- Provate a capire cosa abbia ferito l'interlocutore, in che misura siate responsabili ed eventualmente quale fraintendimento ci sia stato.
- Viceversa, spiegate cosa vi ha offeso e qual è stata la vostra motivazione per agire in un determinato modo.

Le trappole dell'offesa

Esistono situazioni in cui è quasi inevitabile offendere, perché cadiamo in una trappola tesa dall'interlocutore. La prima volta fatichiamo molto a riconoscere questi tranelli oppure non li vediamo affatto. Di solito non vengono percepiti nemmeno dall'altra persona e continuano ad avere effetto finché non li individuiamo e non li svisceriamo, smascherandone l'illogicità.

Di seguito elenco le quattro tipologie più frequenti.

La prima recita così: "Qualunque cosa tu faccia sarà sbagliata". Un'affermazione che prende il nome di *double bind* (doppio vincolo) e si può illustrare con il seguente esempio.

Una madre regala al figlio due camicie, una azzurra e una bianca. Il figlio prova prima quella bianca, al che la madre dice: "Quella azzurra non ti piace?". Avrebbe reagito allo stesso modo anche se il figlio avesse indossato prima l'altra camicia. Lui non riuscirà mai ad accontentarla, perché qualunque cosa faccia sarà sempre sbagliata. La donna si offende perché ha la sensazione che il figlio non apprezzi il regalo. Questo doppio vincolo può far ammattire chi lo subisce, che non può difendersi e appare sempre colpevole. La conseguenza è che entrambi gli interessati vivono in una condizione di offesa perenne e si sentono eterni falliti.

La seconda trappola ha questo contenuto: "Ciò che valeva ieri non vale necessariamente anche oggi".

Durante una festa occorre fare gli ultimi preparativi in cucina e ogni aiuto è gradito, compreso quello dell'amico seduto in salotto. La padrona di casa, tuttavia, rifiuta la sua offerta perché in cucina ci sono già tre persone e la quarta sarebbe di troppo. La sera successiva, un'amica si guarda bene dall'entrare in cucina, perché dentro ci sono già tre persone, ma l'occhiataccia della padrona di casa le fa capire che non è gentile starsene con le mani in mano. Oggi, nello stesso locale, c'è posto per quattro. L'avreste mai indovinato?

L'amica commette l'errore di attenersi a una regola del giorno precedente, che però in quel momento non è più valida, offendendo così la padrona di casa.

La terza trappola si può riassumere con questa formula: "Se mi vuoi bene, sai di cosa ho bisogno. Se non me lo dai, lo fai apposta e questo dimostra che non mi vuoi bene". Chi ragiona in questo modo parte dal presupposto che conosciamo le sue esigenze e ci accusa di indifferenza se non le soddisfiamo. L'idea che forse non immaginiamo le sue aspettative non lo sfiora nemmeno. Così ci ritroviamo con la patata bollente tra le mani e, se non stiamo attenti, ci sentiamo in colpa per la reazione dell'altro anche se non sappiamo il perché.

La quarta trappola è la seguente: "Tu sai bene di cosa ho bisogno!". Ma se nessuno ci dice cosa è giusto e cosa è sbagliato, possiamo solo agire secondo i nostri criteri. Se sono diversi da quelli dell'interlocutore, cadiamo nella trappola dell'offesa.

"Non mi hai telefonato anche se stavo male," si lamenta Julia. "Non mi avevi detto che avevi bisogno di me," ribatte Max. "Ma dovevi immaginarlo, con quello che ho passato!" E invece no: la chiaroveggenza non è una dote così diffusa e non può essere pretesa da nessuno.

LE TRAPPOLE DELL'OFFESA...

- Esistono tranelli in cui cadete senza rendervene conto.
- Offendete l'altro quando vi comportate diversamente dalle sue aspettative, perché non conoscete le sue idee e regole.
- Anche le accuse e le aspettative non esternate possono trasformarsi in trappole dell'offesa.

... SI POSSONO AGGIRARE!

- Le trappole sono evitabili se si ha la possibilità di parlarne e di riconoscerle come tali.
- Se siete caduti in una trappola, non assumetevi la responsabilità della reazione dell'altro.
- Restituite la patata bollente.
- Spiegate all'interlocutore che potete comportarvi nel modo giusto solo se conoscete le regole.

Pesare ogni parola con il bilancino

Se siamo in compagnia di persone molto suscettibili, cerchiamo in ogni modo di essere cauti per non ferirle inutilmente e non infliggere loro alcuna offesa. Non conosciamo forse le tipiche reazioni dei cosiddetti "ipersensibili"? Riflettiamo su cosa dire, con quale tono, con quali parole e in quale momento. Procediamo con estrema prudenza, usiamo i guanti di velluto e trattiamo l'altro con delicatezza, per non provocare reazioni negative.

Non so voi, ma nonostante la cautela – o forse proprio a causa di questa – io cado quasi sempre nella trappola dell'offesa. Ciò dipende sicuramente dal fatto che in un caso simile perdiamo la spontaneità. Ci irrigidiamo, non ci sentiamo liberi di comportarci come desideriamo e ci controlliamo il più possibile. Per non scatenare una nuova offesa, preferiamo sopportare qualsiasi cosa e fare buon viso a cattivo gioco. Il più delle volte ci sfugge che questo comportamento può contenere i semi del conflitto successivo. Infatti, se fissiamo limiti troppo modesti o non li fissiamo affatto, se ci adeguiamo totalmente all'altro e trascuriamo noi stessi, prima o poi veniamo assaliti dalla stizza e dalla frustrazione. Non manifestiamo apertamente questi sentimenti, ma l'interlocutore li percepisce attraverso gesti, osservazioni piccate, atteggiamenti scorbutici o segni di esasperazione. La nostra reazione può addirittura sfociare nella rabbia o nell'odio cieco, soprattutto quando non notiamo alcun cambiamento nell'offeso e passiamo sempre per cattivi. In sostanza, qualunque cosa facciamo può essere interpretata dall'interlocutore come meschinità o intenzione maligna. L'unico rimedio è difendersi direttamente e spezzare il circolo vizioso. Altrimenti ci resta solo l'emigrazione interiore, il processo in virtù del quale siamo fisicamente presenti, ma la partecipazione emotiva viene a mancare. Questo comportamento è senz'altro offensivo, ma non risolve il conflitto.

IL RAPPORTO CON GLI IPERSENSIBILI...

- Se avete bisogno dei guanti di velluto per trattare con qualcuno, nel rapporto c'è qualcosa che non va.
- Se temete la reazione negativa dell'altro, perderete spontaneità.

- Trattando l'interlocutore con riguardo, lo mettete al centro dell'attenzione e finite per trascurate voi stessi.
- Manifestate indirettamente la rabbia e la frustrazione, il che può offendere l'altro.

... SI PUÒ MIGLIORARE

- Il bilancino va bene per pesare l'oro, non le parole.
- Affrontate direttamente il problema, spiegando quanto sia difficile il contatto per voi.
- Chiedetevi cosa renda così vulnerabile l'interlocutore e di cosa quest'ultimo abbia bisogno.
- Abbiate il coraggio di essere voi stessi fino in fondo.
- Ricordate che siete importanti almeno quanto l'interlocutore.

Il potere degli offesi

Le persone offese si mettono in mostra scaricando su di noi la responsabilità del loro risentimento. Ci etichettano come provocatori e responsabili delle loro sofferenze. Perciò pretendono che gli si dia ragione, perché apparentemente siamo in debito nei loro confronti. Spesso stiamo al gioco troppo a lungo, nella speranza di risolvere il conflitto. Se riusciamo a dimostrare che non abbiamo cattive intenzioni, pensiamo, forse smetteremo di passare per offensivi. In molti casi, purtroppo, non è così, anzi. Questa immagine ci resta cucita addosso non appena ci viene attribuita.

In questo modo, la suscettibilità diventa uno strumento di potere con cui veniamo manipolati affinché ci comportiamo come vogliono gli offesi. Queste persone ci rimproverano, ci fanno sentire in colpa e ci coprono di accuse. Non si rendono conto che il loro comportamento è offensivo per noi. Si sentono in diritto di prendersela. A volte ricorrono volutamente a reazioni stizzite per esercitare pressioni e affermare il loro potere. Questo atteggiamento può addirittura sfociare in una tirannia da cui è sempre più difficile difendersi.

Una conoscente mi ha raccontato che da anni la suocera tiene sotto pressione lei e il marito con la sua suscettibilità. Non è mai soddisfatta, si intromette nei loro affari, ha sempre da ridire su tutto e si irrita quando le cose non vanno come vorrebbe. Per il quieto vivere, marito e moglie si adeguano, ma si sentono tiranneggiati dalle sue lamentele e dalla sua ipersensibilità e volubilità, soprattutto perché con gli altri membri della famiglia la suocera è cordiale e disponibile, e nessuno capisce perché solo loro abbiano questi problemi con lei. La coppia deve scegliere tra stare al gioco e continuare a mandare giù bocconi amari oppure rischiare di suscitare uno scandalo in famiglia nel caso in cui decidesse di affermare la propria autonomia. Nella peggiore delle ipotesi potrebbe addirittura perdere l'eredità. Una situazione apparentemente senza via d'uscita, insomma. Cambiarla sembra quasi impossibile, perché il conflitto dura ormai da decenni.

Gli offesi sanno manipolare gli altri in modo molto sottile.

GLI STRUMENTI DI POTERE DELL'OFFESO

- Vi attribuisce il ruolo dell'offensore, cui vengono addossate ostilità e cattive intenzioni.
- Qualunque cosa facciate, alla fine la colpa è sempre vostra.
- Se cercate di avere più riguardo e di adattarvi, non fate altro che inasprire il conflitto.
- State al gioco troppo a lungo per paura del confronto.

DATE IMPORTANZA A VOI STESSI

- Che cosa succederebbe se smetteste di farvi manipolare dall'ipersensibilità degli altri?
- Si possono esercitare il potere e la pressione solo se c'è qualcuno che li accetta.
- Respingete le colpe che non sono vostre.

- Pretendete dall'interlocutore la stessa responsabilità che siete pronti ad assumervi in prima persona.
- Smettete di farvi manipolare, anche a costo di rischiare uno scontro.
- I soggetti che scaricano la colpa sugli altri hanno bisogno di limiti chiari per perdere questa abitudine.

Il comportamento offensivo

Ci sono persone che effettivamente offendono l'interlocutore più spesso di altre. Di frequente si tratta di individui insoddisfatti e amareggiati che hanno scarsa capacità di immedesimazione e che si sentono subito rifiutati. Le offese possono essere infarcite di ironia, battute o mortificazioni, in ogni caso sono oltraggiose.

Se per esempio vengono raccontate barzellette umilianti o sessiste all'interno di un gruppo in cui le donne sono in minoranza o dove addirittura ce n'è una sola, per le "vittime" è quasi impossibile difendersi. Se ridono controvoglia, rinnegano se stesse; se protestano, vengono etichettate come guastafeste o persone prive di senso dell'umorismo. L'unica strategia efficace è non metterla sul personale e allontanarsi prima possibile.

Le motivazioni di un comportamento offensivo sono molteplici. Le cause possono essere l'invidia, la gelosia e l'insoddisfazione, oppure il senso di inferiorità, la paura o l'arroganza. In ogni caso, nel comportamento offensivo si esprimono difficoltà personali. Se non ce ne accorgiamo, corriamo il rischio di proiettare l'offesa su noi stessi in maniera ingiustificata.

Di solito, gli individui offensivi sono competitivi e non gioiscono dei successi altrui. Devono sminuire il prossimo per fare bella figura. Spinti dalla sensazione di doversi impegnare più degli altri, cercano l'approvazione esterna con tutte le loro forze. Non di rado invidiano senza accorgersene coloro cui riesce tutto facile, chi non si fa troppi problemi o chi non è così perfezionista. Se nessuno riconosce i loro sforzi e la loro bravura, reagiscono offendendosi. Se invece qualcuno apprezza il loro impegno e i loro risultati, faticano a crederci. Il loro ragionamento è: "Mi do tanto da fare e nessuno se ne accorge".

Quando le persone si sentono in dovere di dimostrare quanto sono abili e credono di essere degne di stima solo se si distinguono, l'interlocutore si ritrova in una situazione stressante, perché non è facile doversi profondere in elogi e commenti positivi solo per dimostrare che siamo attenti e affettuosi. Prima o poi ci stanchiamo, rischiando di essere penalizzati per questo.

Anche l'arroganza può condurre a comportamenti offensivi. Sminuendo gli altri, ci mettiamo in primo piano e compensiamo il senso di inferiorità. Nella maggior parte dei casi si dimentica che, a lungo andare, questo metodo non funziona, perché non aiuta a superare l'incertezza, ma solo a mascherarla.

Di norma le persone offensive hanno un'aura negativa che compromette i rapporti con gli altri. Si circondano di persone accomodanti e remissive oppure inclini a reagire con rifiuti continui. Non si instaura una comunicazione sincera e nascono attriti, o gli altri si chiudono in se stessi per proteggersi da ulteriori affronti. Se non si discute apertamente di questi problemi, il rapporto si deteriora o addirittura si interrompe.

LE CARATTERISTICHE DELLE PERSONE OFFENSIVE

- I soggetti che offendono spesso gli altri hanno, in molti casi, problemi con se stessi.
- Si esprimono con offese per invidia, gelosia, rivalità, paura, senso di inferiorità o arroganza, unite a una scarsa capacità di immedesimazione.
- Spingono gli altri a reagire adeguandosi o opponendo un rifiuto.
- Il comportamento offensivo ostacola o distrugge i rapporti.

QUAL È L'ATTEGGIAMENTO PIÙ OPPORTUNO?

- Siate cauti con le persone offensive, ma non rinnegate voi stessi.
- Imparate a non prenderla sul personale. È l'unica strategia per proteggersi efficacemente.
- Affermate la vostra autonomia, difendetevi direttamente dalle mortificazioni.
- Reagite ricorrendo all'umorismo o sdrammatizzando la situazione.
- Comunicate alle persone offensive che volete troncare il rapporto a causa del loro comportamento irrispettoso.

Il "carnefice" incontra la "vittima"

Per carnefice e vittima si intendono ruoli psicologici in cui le persone si sentono impotenti, nel ruolo di vittime, oppure si calano nella parte dei carnefici, ossia degli autori dell'offesa.

Gli affronti subiti sono legati, di solito, al vittimismo, a una sensazione di impotenza, rassegnazione e inferiorità. Una vittima psicologica si definisce impotente e inferiore al carnefice psicologico, anche se in realtà non è debole e indifesa come sembra. Si tratta più di un'etichetta che di un dato di fatto. I soggetti vittimisti si offendono più facilmente degli altri, perché la suscettibilità è implicita nel loro ruolo.

A ogni vittima corrisponde un carnefice che recita la parte del cattivo e tira colpi bassi. Una volta che si è visto affibbiare questa veste, non se ne libera più. Colui che offende è il carnefice, colui che viene offeso è la vittima. Una formula elementare, che però non sta in piedi. Ogni offeso, infatti, ha la possibilità di decidere se accettare la mortificazione oppure no. Scaricare tutta la colpa sull'altro è troppo semplicistico anche se in questo gioco è il carnefice a voler annientare la vittima. Tuttavia ci riesce solo se quest'ultima si mostra impotente.

Abbandonare il ruolo della vittima significherebbe ricordare che si ha la possibilità di difendersi dai colpi bassi e dalle mortificazioni. Diventiamo vittime solo quando ci riteniamo tali, ossia inferiori e in balia delle angherie altrui.

Le vittime partono dal presupposto che gli altri abbiano il controllo della situazione, che abbiano più influenza, potere decisionale e competenza. Dipendono dal loro giudizio e dal loro favore. In sostanza vivono in una costante condizione di automortificazione. Riescono a superarla solo grazie all'approvazione esterna, perciò sono alla continua ricerca di lodi e attenzioni. Il problema, tuttavia, non è solo questo. Si arriva a un'offesa quando i feedback positivi vengono a mancare e non è possibile pretenderli.

Se incappiamo in un individuo di questo tipo, può succedere che lo offendiamo perché dimentichiamo di elogiarlo e di dargli considerazione e attenzione in misura sufficiente. Ma qual è la misura sufficiente? Chi conosce la misura dell'altro? Ed è davvero nostro compito trovarla o addirittura soddisfarla? Per restare fedeli a noi stessi non dobbiamo forse correre il rischio di offendere qualcuno che si aspetta da noi più di quanto siamo disposti a dargli?

Sieglinde amava invitare gli amici. Cucinava, offriva loro ogni bendidio e faceva il possibile perché si sentissero a loro agio. Tuttavia era assillata da un'esigenza che non avrebbe mai ammesso, ma che custodiva nel profondo del cuore: ricevere costantemente approvazione e gratitudine per i suoi sforzi. Se gli ospiti si complimentavano una volta sola per la squisitezza dei piatti, temeva che la cena non fosse particolarmente riuscita e che ciò potesse avere ripercussioni negative su di lei come cuoca. Oltre a rimproverarsi di non essere abbastanza brava, accusava gli amici di darle troppo poca considerazione. Se durante la conversazione non prendeva la parola abbastanza spesso, perché un'amica si metteva sempre al centro dell'attenzione o un'altra raccontava i propri successi professionali, oppure se era invidiosa del look impeccabile delle altre, poteva accadere che per lei la serata diventasse uno stress e se ne avesse a male.

Per qualche tempo riusciva a salvare le apparenze, ma i suoi sorrisi si facevano sempre più forzati e la sua cordialità sempre meno sincera. Dentro era tormentata dal senso di colpa, ma fuori le sue osservazioni suonavano sempre più pungenti e sgradevoli. Iniziava a criticare l'operato degli altri per fare bella figura. Se non faceva attenzione, la serata poteva concludersi con un litigio. Le amiche non avevano idea che il loro comportamento la infastidisse. Se glielo avesse detto, forse sarebbero cadute dalle nuvole, perché trovavano quelle cene molto piacevoli e andavano volentieri a casa di Sieglinde. Chi avrebbe potuto immaginare che potesse covare tale risentimento?

Il vittimismo è legato alla sensazione di trovarsi davanti a una botte senza fondo. In altre parole, si può dare molto a queste persone, ma non sono mai soddisfatte perché nulla è sufficiente. Per quanto liquido si versi in una botte senza fondo, il contenitore rimane vuoto, perché il contenuto esce tutto da sotto. La soluzione non è versare altro liquido, bensì creare un fondo su cui esso possa accumularsi. Questo fondo è rappresentato dal rispetto di sé e dall'autostima, con cui il soggetto si rafforza e si arma contro l'invidia e la gelosia. Infatti, solo se abbiamo una buona opinione di noi stessi, solo se – per riprendere l'esempio precedente – troviamo squisite le nostre pietanze e ci complimentiamo con noi stessi, possiamo apprezzare l'approvazione degli altri anziché pretenderne sempre di più.

Il vittimismo

- Il vittimismo, legato al senso di impotenza, rassegnazione e inferiorità, trasforma gli altri in carnefici, ossia soggetti che apparentemente hanno più potere e influenza.
- Se non date abbastanza approvazione e conferme a una persona che si sente inferiore e poco importante, la offendete. Così vi calate nel ruolo del carnefice senza neppure accorgervene.
- Gli individui dotati di scarsa autostima faticano ad accettare i feedback positivi e dunque ne desiderano sempre di più.

La vostra capacità di immedesimazione

- È impossibile evitare le offese se l'altro non è mai soddisfatto.
- Non permettete a nessuno di etichettarvi come carnefici solo perché avete espresso troppo poca approvazione.

- Se conoscete la sensibilità dell'interlocutore, potete in certa misura assecondarla.
- Nonostante l'empatia ricordate di restare fedeli a voi stessi.

La vendetta come compensazione

La conseguenza delle offese sono sentimenti o addirittura gesti vendicativi che possono spaziare dai semplici pensieri alla violenza brutale. Le cause della vendetta sono la rabbia, il disprezzo, il rancore e il desiderio di rendere pan per focaccia. La collera distruttiva viene usata intenzionalmente perché l'offeso, attanagliato dalla delusione, vuole ferire e colpire l'altro, infliggendogli lo stesso dolore che ha ricevuto. Questo pensiero lo riempie di soddisfazione. Non a caso dice: "La vendetta è dolce". Dà all'offeso l'illusione di riprendere il controllo della situazione e dell'interlocutore. Le ripicche spingono ad agire e aiutano a uscire dalla paralisi. Mostrandosi aggressivo, l'individuo si sente più potente, più forte e più sicuro di sé, e restituisce l'attacco che ha subito. Le ritorsioni, tuttavia, non risolvono il problema dell'offesa, bensì sfociano spesso in un comportamento furibondo che può avere altre conseguenze negative.

Esistono anche forme inconsapevoli di vendetta. Invece di attaccare direttamente l'altro lo feriamo con un'aggressività passiva: non ci presentiamo agli appuntamenti; gli mandiamo accidentalmente a rotoli qualcosa; trascuriamo di riferirgli un'informazione importante.

L'aggressività passiva è una forma inconsapevole di vendetta.

Mi chiedo perché le persone si vendichino con tanta foga. La mitologia greca è zeppa di omicidi motivati dalla vendetta, e anche oggi sono in commercio diversi libri che insegnano a rendere efficacemente la pariglia. Secondo me, le ripicche sono un tentativo di pareggiare i conti, e ne abbiamo bisogno per elaborare una situazione di offesa. Il pensiero "Devi soffrire quanto me" nasconde un desiderio di compensazione, ma la compensazione serve a risolvere il problema solo se si raggiunge con mezzi positivi anziché distruttivi. Allora la domanda da farsi è: "Che cosa voglio ricevere da chi mi ha offeso per aprirmi nei suoi confronti ed essere conciliante?". Può trattarsi di scuse sincere, di premure che vengono dal cuore, di un mazzo di fiori o dell'offerta di lavare i piatti per sei mesi. Qualunque cosa sia deve essere idonea a rabbonire l'interlocutore. A volte è sufficiente anche solo manifestare questo desiderio.

L'esigenza narcisistica fondamentale che deve essere appagata dalla compensazione è il riconoscimento della mortificazione subita. Anche se l'offensore non riesce a immedesimarsi nella nostra sofferenza, il suo pentimento e il fatto che il nostro dolore venga preso sul serio ci sono d'aiuto. "Mi dispiace molto che tu te la sia presa" è la frase che vorremmo sentire e che placherebbe la sete di vendetta.

La vendetta distruttiva

- La vendetta è una rabbia distruttiva, usata intenzionalmente e finalizzata all'annientamento.
- A volte ci si vendica anche in modo passivo-aggressivo.
- Con le ripicche volete rendere pan per focaccia.
- L'idea che l'altro soffra quanto voi vi riempie di soddisfazione.
- Il desiderio di ritorsione vi spinge ad agire e a uscire dalla paralisi che accompagna l'offesa subita.
- La vendetta è una forma di offesa.

La compensazione

- La vendetta è causata dal desiderio di compensazione.
- Una compensazione positiva aiuta a superare l'offesa e a recuperare il rapporto con l'offensore.

- È importante chiedersi: che cosa voglio ricevere dall'altro per riaprirmi nei suoi confronti ed essere disposto a una conciliazione?
- Ciò che rende più propensi alla rappacificazione è la comprensione dell'altro verso il nostro dolore.

L'offesa come provocazione

Le offese si possono utilizzare in modo mirato anche per pungolare gli altri facendoli sentire in colpa e sminuendoli. Hanno un effetto provocatorio anche la supponenza e l'arroganza, che servono a mettere in cattiva luce l'altro e a rivalutare se stessi. Si possono usare allo stesso scopo anche le critiche, le mortificazioni, le accuse, i rimproveri, gli insulti e le umiliazioni. L'obiettivo principale è far soffrire l'interlocutore affinché si dia per vinto, si sottometta o si renda attaccabile con azioni aggressive. Le offese provocatorie scatenano perlopiù emozioni violente, che possono essere interpretate come indice di debolezza.

Gli attacchi di questo tipo non si impiegano solo nelle relazioni di coppia, ma anche nell'ambito politico come strumento collaudato per ridicolizzare l'avversario e metterlo in ginocchio. Ne sono un esempio le dichiarazioni fatte all'inizio del ventunesimo secolo dal ministro della Difesa americano Rumsfeld, che non solo ha etichettato la Germania con il nome di "Vecchia Europa", ma l'ha anche messa sullo stesso piano dei paesi non democratici. La tattica più astuta per affrontare le provocazioni di questo genere è non prenderle troppo sul serio e non enfatizzarle. Tuttavia è difficile, perché l'indignazione suscitata da simili affermazioni è profonda, come il desiderio di difendersi e giustificarsi. Ma è proprio quello che spera l'interlocutore. Se questa reazione viene meno, l'istigazione cade nel vuoto e perde forza.

Le persone provocano gli altri anche togliendosi la vita o, comunque, ricorrendo all'autolesionismo. A differenza dei vendicativi, che si sfogano sul prossimo, questi soggetti infliggono dolore a se stessi, però vogliono colpire anche noi. Il messaggio implicito suona più o meno così: "Guarda, mi hai trattato talmente male da spingermi a fare del male a me stesso. È tutta colpa tua!". Una provocazione che raramente manca il bersaglio.

LA PROVOCAZIONE...

- Le offese si possono utilizzare in modo mirato come provocazioni.
- L'obiettivo è indurre l'interlocutore a darsi per vinto, sottomettersi o rendersi attaccabile con azioni aggressive, un metodo collaudato per ridicolizzarlo o metterlo in ginocchio.
- Anche l'autolesionismo e il suicidio si possono usare a scopo provocatorio per far sentire in colpa gli altri.

... MEGLIO NON RACCOGLIERLA

- Non prendete troppo sul serio le provocazioni offensive e non enfatizzatele.
- Anche se la tentazione di difendervi e giustificarvi è forte, non assecondatela.
- La provocazione funziona solo se qualcuno la raccoglie.
- Se non avete reazioni violente, la provocazione cade nel vuoto e perde forza.

Il disturbo post-traumatico da amarezza

Il vittimismo, la sete di vendetta e l'autodistruzione come reazioni alle offese sono i sintomi principali del disturbo post-traumatico da amarezza (PTED, dall'inglese *Post-Traumatic Embitterment Disorder*, cfr. Linden 2003).

Si tratta di una condizione che insorge dopo stress particolari ma che possono succedere nella vita di tutti. Quando le persone assistono al crollo dei propri punti fermi in seguito alla perdita del posto di lavoro, all'infedeltà del coniuge o a una separazione, la conseguenza può essere il PTED. I soggetti che ne soffrono si sentono in balia degli eventi, considerano la situazione ingiusta e umiliante, e non sono in grado di difendersi efficacemente. I risultati sono impotenza, rassegnazione, vittimismo e autodistruzione. Tutto questo ha il carattere di un appello alle persone care e all'ambiente, finalizzato a informarli del trattamento ingiusto che hanno subito. La conclusione può essere il suicidio oppure l'omicidio-suicidio.

A differenza di quanto avviene nel caso dell'offesa, i fattori scatenanti del disturbo da amarezza sono più violenti e la capacità di porre fine al risentimento è notevolmente offuscata. Si potrebbe dire che il PTED è un'offesa cronicizzata che si consolida nel tempo. Gli individui amareggiati non hanno accesso alle proprie risorse di autoguarigione, né alla consapevolezza di poter cambiare le circostanze. L'unico sollievo deriva dalla vendetta, non esiste altra via d'uscita. La colpa è degli altri, di cui questi soggetti credono di essere alla mercé. Come accade dopo ogni trauma, le situazioni stressanti si ripresentano più volte, gli interessati sono perseguitati da incubi sull'evento in questione ed evitano i luoghi e gli oggetti che glielo ricordano.

Queste reazioni si osservano spesso, per esempio, dopo un'avventura extraconiugale. La convinzione fondamentale della fedeltà eterna, la certezza di non separarsi mai e di non fare la fine di molte altre coppie si sgretolano da un momento all'altro. Va in frantumi un mondo che fino a quel momento è stato un riferimento incrollabile. La fiducia svanisce, e spesso i partner traditi o abbandonati non trovano pace per anni. Rimuginano senza sosta sulla situazione, si tormentano con i dettagli dei fatti accaduti, soffermandosi su cosa hanno detto, cosa ha risposto l'altro, come si è comportato eccetera. Si pongono in continuazione domande come: in che modo avrei potuto impedire il tradimento? Quali segnali di infedeltà avrei dovuto riconoscere? Quali errori avrei dovuto evitare? È difficile, se non addirittura impossibile, mettere a tacere queste riflessioni. Il soggetto si incolpa dell'accaduto, ma prova anche un profondo odio per il partner. Luoghi, automobili, vestiti, stagioni, canzoni, tutto ciò che è legato in qualche modo alla scappatella riporta subito al trauma, alla concatenazione di pensieri e all'autodilaniamento.

Può esserci una svolta solo se si chiede aiuto e si capisce di non essere in balia degli eventi e di poter cambiare la situazione. Chiedetevi: "Voglio forse distruggere anche il resto della mia vita?".

Se la risposta è no, avete concrete possibilità di farcela. Però è necessario confrontare le proprie convinzioni con la realtà ed eventualmente modificarle. E anche sostituire l'accanimento e il desiderio di ottenere giustizia con la pacatezza: accettare ciò che non si può cambiare e cambiare ciò che è in vostro potere.

LIBERARSI DELL'AMAREZZA

- Ciò che vi è capitato continua a essere grave anche se smettete di fare la vittima.
- Potete chiedere aiuto.
- La vendetta, l'autodilaniamento e il desiderio di voler avere ragione a ogni costo alimentano l'amarezza.
- Imparate ad avere il controllo della vostra vita, perché siete voi a determinare la vostra fortuna o sfortuna.

4.
Prendere le offese con filosofia

Consigli pratici per l'anima offesa

Imparare a prendere le offese con filosofia è l'obiettivo primario, perché è la protezione più efficace dai sentimenti sgradevoli e dall'offuscamento della nostra immagine di noi stessi.

I seguenti consigli pratici aiutano a uscire indenni dalle situazioni offensive.

Ammettere l'offesa

Nel momento in cui vi sentite offesi è utile riconoscere il dolore psichico anziché ignorarlo o dissimularlo. Perché è importante? Perché in questo modo vi prendete sul serio e accettate le vostre emozioni e percezioni. Solo così restate fedeli a voi stessi, vi date sostegno e spianate la strada per soluzioni idonee e soddisfacenti. Se invece negate che il rifiuto dell'altra persona vi abbia feriti, dovete sconfessare anche i relativi sentimenti. Questi ultimi, tuttavia, continuano ad agire dentro di voi e addirittura vi si ritorcono contro.

Immaginate di sentirvi messi da parte dal capufficio perché ha incaricato un collega di fare un viaggio di lavoro al vostro posto. Ostentate indifferenza, anche se dentro di voi ribolle un misto di rabbia, tristezza, delusione e senso di ingiustizia. Quindi tornate a casa e vedete che i bambini hanno fatto un gran disordine. Succede sempre, ma oggi è l'ultima goccia. Ordinate loro di rimettere tutto a posto e non siete contenti di rivederli dopo una lunga giornata di lavoro. In questo istante, qualunque cosa vi farebbe uscire dai gangheri e nessuno riuscirebbe ad accontentarvi. Intransigenti e suscettibili, irraggiungibili per chiunque, continuate a rimuginare sul torto ricevuto. Poi accusate vostra moglie di non prendersi abbastanza cura di voi; lei interpreta le vostre parole come un rimprovero e si difende. In tal modo vi infilate in un circolo vizioso, che potete spezzare soltanto parlando della delusione e ammettendola. Solo così vostra moglie sarà in grado di darvi una mano.

"Che cosa posso fare IO per me stesso?"

Nella seconda fase domandatevi cosa possiate fare per voi stessi, perché non volete certo rimanere impantanati nel sentimento dell'offesa. Dovete fare qualcosa che vi aiuti a uscirne.

Di norma iniziamo a sminuire noi stessi e a dare ragione all'offensore. Ci riteniamo poco amabili o incompetenti, rafforzando così le emozioni sgradevoli. Nel peggiore dei casi cadiamo nell'amarezza.

Oppure ripieghiamo su altri metodi per stare meglio. Un modo rapido per cambiare stato d'animo è assumere sostanze che danno assuefazione, come alcol o farmaci, per fuggire alle situazioni spiacevoli. Questi strumenti, però, sono soltanto palliativi e non risolvono il problema. Hanno un effetto temporaneo e vanno consumati di continuo per evadere dalla realtà. Prima o poi, infatti, un tranquillante non basta più e bisogna inghiottirne cinque. Anche rifugiarsi in Internet dona un sollievo momentaneo, ma non un vero aiuto.

Il motivo è la condizione psichica che si crea durante le offese. Ci sentiamo inferiori, insignificanti, abbandonati, incompresi e alla mercé dell'interlocutore. Se l'altro non fosse così incline a rifiutarci, staremmo meglio. Così, in modo più o meno consapevole, cerchiamo la soluzione all'esterno: nelle droghe, nel cibo, nei farmaci, nella distrazione o nell'affetto dell'offensore.

È proprio da qui che dobbiamo cominciare: non possiamo aspettare una soluzione dall'esterno, perché forse non arriverà mai. Soprattutto se l'altro non sa che ci sentiamo offesi. Come potrebbe aiutarci? È per questa ragione che dobbiamo uscire dal pantano dell'offesa con le nostre forze. I prossimi suggerimenti descrivono questo meccanismo e spiegano quali passi intraprendere.

La respirazione consapevole

Quando qualcuno vi offende, il più delle volte rimanete senza fiato. Smettete di inspirare, trattenete il respiro e cercate così di superare la situazione. Questa reazione, tuttavia, logora la forza e limita le possibilità di azione.

Quando subite un torto, affrontatelo innanzitutto respirando consapevolmente. Inspirate a fondo ed espirate più volte l'aria. Vi aiuterà a ricomporvi, a calmarvi e a rinvigorirvi, tutti presupposti necessari per gestire gli attacchi e i rifiuti provenienti dall'esterno, e per prendere le distanze dal senso di impotenza.

Le seguenti tecniche di meditazione descrivono l'effetto della respirazione.

"Inspirare ed espirare consapevolmente aiuta a raggiungere la condizione migliore: quiete, lucidità, stabilità, chiarezza e libertà [...], la capacità di considerare l'attimo presente il momento migliore della vita," scrive il maestro zen vietnamita Thích Nhât Hanh.

Ecco due dei suoi esercizi di respirazione, utili per rafforzarvi.

1. Inspirate ed espirate regolarmente, ripetendovi le frasi seguenti.
   - Inspiro, espiro.
   - Inspirando, dono pace al mio corpo.
   - Espirando, sorrido.
   - Mi soffermo sul momento attuale e capisco che è meraviglioso.

2. La respirazione circolare

Inspirate a fondo ed espirate. Rilassatevi, inalando ed espellendo uniformemente l'aria. Respirate senza pause tra inspirazione ed espirazione. Immaginate di respirare in modo circolare, in modo che ogni respiro fluisca armoniosamente nel successivo senza scossoni o interruzioni. Concedetevi trenta secondi per chiudere gli occhi e continuare a respirare in questo modo. Soffermatevi sugli effetti che la "respirazione circolare" ha sul corpo e sulla mente.

Se eseguite spesso questi esercizi, nelle situazioni di offesa la respirazione consapevole vi verrà automatica. E vi consoliderete sul piano interiore, il che è la protezione migliore dagli affronti. Più sarete forti e centrati su voi stessi, meno vi sentirete mortificati. Le fasi di offesa si accorceranno.

Il movimento

Oltre alla respirazione è efficace anche il movimento, perché aiuta a uscire dalla paralisi fisica e mentale che impedisce di intraprendere azioni mirate. Nelle situazioni di offesa si irrigidiscono sia la mente sia il corpo. La mobilità interna ed esterna viene meno e si riesce solo ad avere una reazione d'emergenza, che è molto utile in caso di pericolo, perché tutte le funzioni del corpo si orientano verso la lotta o la fuga, ma che a lungo andare può provocare danni fisici se non viene ridimensionata. La maggiore produzione di adrenalina aumenta la pressione arteriosa e accelera il battito cardiaco, contrae i muscoli e accorcia il respiro. Dal punto di vista psichico, lo stress prolungato sfocia in nervosismo, irritabilità, fragilità psicologica e addirittura esaurimento.

Se i sentimenti di offesa non vengono risolti e tenuti a bada, possono lasciarsi dietro non solo disturbi psichici duraturi, ma anche malattie fisiche.

Il movimento è un metodo per ridurre le conseguenze fisiche dello stress. Potete scegliere di lavare le finestre, andare in bicicletta, fare jogging, praticare kick-boxing, quello che vi piace fare. L'essenziale è diminuire la tensione.

Prendere le distanze

Di solito le situazioni di offesa finiscono con l'interruzione esterna o interna del rapporto, sulla base del ragionamento: "Non voglio più avere niente a che fare con lui/lei". Questo conduce alla comparsa degli scheletri nell'armadio e a un risentimento senza fine.

Un'alternativa alla rottura del rapporto è la distanza. In altre parole, allontanatevi dalle circostanze offensive, lasciando però aperta la possibilità di tornare indietro. Non siete costretti a troncare la relazione, bensì potete chiarirvi le idee grazie alla distanza. Così evitate l'escalation del litigio, che non di rado finisce con uno scontro violento e distruttivo.

Allontanarsi è molto utile, soprattutto nei rapporti privati, per stare alla larga dalle animosità superflue che danneggiano le relazioni. Ogni parola dolorosa che viene scagliata contro l'altro nei momenti di rabbia si lascia dietro una scia, anche se poi si chiede scusa. Le frasi offensive non si possono più cancellare, e i legami si erodono e si spezzano.

"Negli ultimi anni sono andate storte così tante cose che non so se lo amo ancora," mi ha confidato una paziente qualche tempo fa. Discute sempre con il partner perché lui si sente offeso dal suo comportamento e dalle sue parole. La punisce con il disprezzo quando "non fa la brava", la aggredisce e la critica. La donna è sempre stata accomodante e ha sopportato a lungo questi atteggiamenti, anzi in passato non si è nemmeno accorta di quanto fossero offensivi. Ora ha imparato a porre dei limiti e a evitare l'inasprimento dei conflitti, chiudendosi in se stessa e proteggendosi così dagli attacchi. Allontanandosi può calmarsi e scoprire quali responsabilità siano sue e quali del partner. In questo modo non si assume colpe che non le competono, abbandonando la posizione di inferiorità e rafforzando la propria autostima.

Quali esigenze sono rimaste insoddisfatte?

Chiedetevi: che cosa voglio ottenere? Che cosa mi aspetto dall'altro? Cercate il modo di raggiungere questo obiettivo.

Se, per esempio, vi offendete perché l'interlocutore annulla un appuntamento, vi lamentate e ve la prendete con lui. Ma qual è la vostra esigenza? In realtà, non desiderate troncare il rapporto, bensì l'esatto contrario. Volete un contatto, altrimenti non ci sareste rimasti così male. Tentate dunque di stabilirlo. Non ci riuscirete certo mostrandovi risentiti.

Chiarire sentimenti, pensieri e reazioni

Per superare le offese è necessario identificare i veri sentimenti, evitare di sminuirsi e di avere comportamenti distruttivi. Ponetevi le seguenti domande.

- Come sto? Che cosa provo? Sono triste, arrabbiato, impaurito o imbarazzato? Prendo sul serio queste emozioni oppure cerco di passarci sopra?
- Soffermatevi sul sentimento in questione. Se, per esempio, siete tristi, piangete pure. Essere rifiutati è doloroso, e anche voi potete concedervi di stare male.
- Che cosa penso di me stesso e dell'altro? Forse vi fate rimproveri di questo tipo: "Ho commesso un altro errore. È colpa mia, perciò ho quello che mi merito." Oppure iniziate a demonizzare l'interlocutore: "Chi mi fa una cosa del genere per me è morto e sepolto!".

Smettete di sminuire voi stessi e gli altri e ricordate le vostre qualità positive e ciò che apprezzate nell'interlocutore.

Come reagisco all'altro? Insultare, sbattere le porte o scivolare nella depressione non sono metodi utili per risolvere la situazione di offesa. Siate calmi e pacati.

Il più delle volte la vendetta non è affatto dolce

"Per vendicarsi sugli automobilisti prepotenti, un ciclista della cittadina inglese di Bournemouth, infuriato, ha bucato più di duemila pneumatici per un valore di circa trecentocinquantamila euro. Secondo il giornale britannico 'The Times', l'uomo – un disoccupato – si era arrabbiato perché un automobilista l'aveva schizzato attraversando una pozzanghera a velocità sostenuta. Il trentasettenne ha così deciso di organizzare un'azione punitiva privata, forando con un cacciavite appuntito le gomme di oltre cinquecentocinquanta vetture parcheggiate!". Questa notizia, pubblicata dalla "Süddeutsche Zeitung" del 26 marzo 2004, dimostra che il ciclista non ha avuto un briciolo di ragionevolezza, bensì ha agito di impulso, animato solo dal desiderio di danneggiare gli altri come lui era stato danneggiato. L'uomo, tuttavia, non ne ha avuto alcun vantaggio. Anzi, con ogni probabilità sarà stato punito per il gesto.

Se ritenete che la vendetta sia inevitabile, limitatevi alle fantasie, senza però metterle in pratica. Così non danneggerete voi stessi con un comportamento vendicativo.

Comunicare la rabbia

Dietro la sete di vendetta spesso si nascondono rabbia e collera, sentimenti del tutto giustificati quando ci sentiamo sminuiti. L'espressione costruttiva di queste emozioni pone dei limiti, mette fine al comportamento offensivo dell'altro e vi protegge da nuovi attacchi.

Smorzare il conflitto

Grazie allo sfogo costruttivo della collera e all'introduzione di limiti ben precisi si conserva il rapporto con l'altro e si smorza il conflitto. Le offese tendono infatti a esacerbarsi. Fare in modo che non succeda è essenziale per prendere gli affronti con filosofia.

Evitare i giochetti psicologici

"Hai lasciato ancora aperta la porta del garage. Quante volte devo ripeterti che bisogna chiuderla?" "Oddio, che rompiscatole. Deve sempre andare tutto come dici tu." Le chiude la porta sbattendola. Lei chiama un'amica: "Abbiamo litigato di nuovo, ma è ottuso e vuole sempre avere ragione". "Non capisco come tu faccia a sopportarlo. È snervante. Se fossi in te l'avrei già mollato."

Questi giochetti vittima-carnefice-aiutante consistono di accuse, rimproveri e critiche reciproche e si lasciano dietro una scia di emozioni negative, ma non risolvono il problema. Anzi, inaspriscono il conflitto e aggravano la situazione.

Ecco un esempio di comunicazione priva di offese:

"Ti chiedo sempre di chiudere la porta del garage. Puoi spiegarmi perché non lo fai?".

"Per favore, non adesso, ho avuto una brutta giornata e voglio un po' di pace. Ne parliamo dopo."

Così la partner può telefonare all'amica e chiacchierare del più o del meno, e l'altra non è più costretta a calarsi nel ruolo di "aiutante nel triangolo drammatico".

La sincerità

Anziché restare invischiati nel triangolo drammatico, comunicate all'altro cosa vi aspettate da lui. Più sarete sinceri verso voi stessi e l'interlocutore, e prima troverete una soluzione.

- Dite apertamente cosa volete e cosa no, invece di pretenderlo dall'altro e poi restare delusi quando non ve lo offre. Questo atteggiamento è il modo migliore per sentirsi offesi.
- Potete mandare un messaggio chiaro alle persone che cercano continuamente di coinvolgervi nei giochetti vittima-carnefice-aiutante. "No" è una parola esplicita, che

alleggerisce la tensione e pone dei limiti. Un "no" inequivocabile non distrugge il rapporto, bensì gli dà una base più stabile.

Cercare sostegno

Scegliete una terza persona neutrale ed esprimete i vostri sentimenti con la sua protezione e il suo sostegno. Il semplice fatto di manifestare l'offesa è già un sollievo. E un'opinione imparziale può essere utile per comprendere meglio la reazione dell'offensore. Tuttavia questo risultato si ottiene solo se l'ascoltatore esterno non è coinvolto nel triangolo drammatico.

Ridimensionare la gravità della situazione

Sdrammatizzate l'accaduto domandandovi quale sia l'aspetto più grave dell'offesa. "Qual è il problema?" "Che cos'è successo in realtà?" Forse noterete che le circostanze sono dolorose, ma che non è morto nessuno. In questo modo prenderete le distanze dai fatti e riuscirete ad agire con calma.

Proteggere il punto debole

Ricordate che la reazione di offesa è così sgradevole e veemente perché tocca il vostro punto debole. Proteggetevi distinguendo chiaramente le circostanze attuali dalle precedenti. Metabolizzando le vecchie delusioni e sanando i punti deboli, vi armerete contro nuovi affronti.

Assumersi la responsabilità

Assumetevi la responsabilità dei vostri sentimenti e stati d'animo. A determinare come vi sentite non è l'altro, bensì voi stessi. Siete voi a decidere se e perché offendervi. Non l'altro!

Non prenderla sul personale

Siete una persona importante, certo, ma non tutto quello che succede vi riguarda da vicino. Perciò appurate prima se il comportamento dell'interlocutore sia davvero una reazione a voi oppure no. Evitando di mettere ogni cosa sul personale vi offenderete molto più raramente.

Sono sul bordo della piscina e sento una donna che dice a un'altra: "Oggi qualcuno non ha pagato l'ingresso". La sua occhiata obliqua sembra riferirsi a me. Che cosa fare? Risentirmi perché mi ritengo denigrata ingiustamente? Giustificarmi perché non farei mai una cosa simile? Tornare a casa incavolata nera e rinunciare al nuoto? Invece di risponderle per le rime, mi sono immersa nell'acqua e ho salutato educatamente quando la sconosciuta ha nuotato nella mia direzione. Non siamo mai diventate amiche, ma ci siamo lasciate in pace.

Rafforzare l'autostima

Rafforzate la vostra autostima evitando di sminuirvi, puntando l'attenzione sui vostri pregi. E lasciate il problema all'altra persona. La donna dell'esempio precedente non voleva che degli estranei invadessero il "suo" rifugio, cosa che è comprensibile. Ma non era un mio problema, perciò non dovevo sentirmi in colpa. Più ascoltiamo, sosteniamo e prendiamo sul serio noi stessi, e più ci armiamo contro le offese. Le mortificazioni, infatti, iniziano spesso nel momento in cui ci sentiamo inferiori o colpevoli.

Vedere le critiche come un dono

Più siete sicuri di voi stessi, e più è facile imparare dalle critiche e dai feedback negativi anziché offendersi.

Seppellire gli scheletri dell'offesa

Chiarite i vecchi affronti, perché solo così vi sbarazzerete degli "scheletri nell'armadio", che sono soltanto un peso.

Chiarire le offese

Se qualcuno si sente ferito da voi, cercate di capire cosa lo abbia infastidito, quali siano le vostre responsabilità ed eventualmente quale fraintendimento ci sia stato. Se pensate di aver offeso l'interlocutore, parlategli direttamente. Senza dubbio accetterà volentieri la possibilità di un chiarimento.

Viceversa, spiegate cosa vi ha stizziti e perché avete agito in un certo modo.

Mettersi nei panni dell'altro

Per superare più facilmente il risentimento è consigliabile immedesimarsi nell'offensore, in modo da capire perché l'altro abbia adottato un certo comportamento. Forse voi avreste fatto la stessa cosa e ora comprendete che la reazione dell'interlocutore non ha nulla a che fare con voi o vi riguarda solo in misura limitata. Perciò non avete motivo di riferire negativamente a voi stessi l'atteggiamento dell'altro e di sentirvi offesi!

Una paziente è arrivata alla seduta piena di rancore e di indignazione perché aveva sostenuto un colloquio di lavoro e non era stata assunta. Incolpava la responsabile del personale, che durante l'incontro si era mostrata ostile nei suoi confronti. L'ho invitata a simulare un dialogo con lei. All'inizio ha detto tutto ciò che non le era piaciuto e ha sfogato la rabbia. Quindi si è seduta al posto dell'altra e ha parlato dal suo punto di vista. Allora si è accorta che la responsabile non aveva nulla contro di lei, bensì doveva prendere una decisione urgente. Ha avvertito la sua benevolenza e allo stesso tempo l'esitazione ad assumerla, ma non perché non la ritenesse idonea, bensì perché la considerava troppo qualificata.

Questo ha rinconciliato la paziente, che è riuscita a superare l'offesa pur essendo ancora amareggiata.

Non lasciarsi manipolare

Non lasciatevi opprimere dal risentimento dell'altro o indurre a essere diversi e a migliorare. Non potrete mai essere perfetti, perché chi vuole accusarvi troverà sempre un appiglio. Più cercherete di soddisfare l'interlocutore e di non offenderlo, e meno ci riuscirete. È una legge non scritta.

Conciliazione e pace

Sono questi gli obiettivi che si vogliono raggiungere cercando di superare le offese. Si ottengono solo mostrando comprensione per sé e per l'altro e rinunciando a voler avere della ragione a tutti i costi e all'ultima parola. La pace con se stessi e con l'interlocutore presuppone di non pretendere che l'altro cambi, di non aspettarsi ciò che non può dare e di applicare gli stessi principi a se stessi.

La serenità

La serenità è l'esatto contrario dell'offesa. Se siamo sereni, non "ci rodiamo" per l'altro, bensì cerchiamo la soluzione migliore. Così evitiamo di demonizzare l'interlocutore e siamo in pace con noi stessi. Stronchiamo i problemi sul nascere e troviamo un equilibrio interiore.

> Dio mi conceda la serenità
> di accettare le cose che non posso cambiare,
> il coraggio di cambiare quelle che posso,
> e la saggezza di comprendere sempre la differenza.
>
> Dio mi conceda la pazienza di aspettare i cambiamenti
> che richiedono tempo,
> e la gratitudine per tutto ciò che ho,
> la tolleranza verso coloro che hanno altre difficoltà
> e la forza di alzarmi e di ritentare.
> – Friedrich Christoph Oetinger, 1702-1782

Come prendete le offese?

Ecco come reagisco agli affronti

• Reagisco subito offeso	1
• Continuo a rimuginare sulla situazione e sull'ingiustizia subita.	0
• Dubito di me stesso quando gli altri mi trattano male.	0
• Ho avuto quello che meritavo.	0
• Vorrei vendicarmi e rendere la pariglia all'offensore.	1
• Non voglio mai più vedere quella persona.	1
• Ha ragione l'altro.	0
• A volte divento manesco.	1
• Vorrei sprofondare.	0
• Ecco, lo sospettavo, non piaccio a nessuno.	0
• Se qualcuno non mi apprezza, la colpa è solo sua.	1
• Mi vergogno molto.	0
• Se avessi reagito diversamente, sarebbe tutto a posto.	0
• Devo vendicarmi.	1
• Come hanno potuto farmi questo?	1
• Disprezzo questa persona.	1
• Mi sta bene.	0
• Ma chi si crede di essere?	1
• Sono molto sensibile e ci resto male quando qualcuno mi tratta così.	0
• Perché capitano tutte a me?	0
• L'altro non sa con chi ha a che fare.	1
• Preferisco tacere che essere criticato.	0
• Gli altri sono incompetenti e non capiscono niente.	1
• Mi sento inutile.	0
• Mi batto per le mie posizioni.	1

Poiché questo non è un test scientifico, bensì una semplice lista di domande, la valutazione non dà risposte definitive, ma si limita a indicare delle tendenze.

Più punti totalizzate, e più rientrate nella categoria degli individui aggressivi, che proiettano la rabbia all'esterno, inclini a ferire gli altri e che raramente si danno per vinti.

Più il punteggio è basso, e più appartenete alla tipologia delle persone depresse, che reagiscono con sensi di colpa, che si sentono inferiori e che tendono a orientare l'aggressività verso se stesse.

Bibliografia

Asper, Kathrin, *Verlassenheit und Selbstentfremdung. Neue Zugänge zum therapeutischen Verständnis*, Walter-Verlag, Olten 1997.

Berckhan, Barbara, *Jetzt reich's mir. Wie Sie Kritik austeilen und einstecken können*, Kösel, München 2012 (tr. it. di Cristina Malimpensa, *Piccolo manuale per imparare a fare e a ricevere critiche*, Urra, Milano 2014).

Branden, Nathaniel, *Die 6 Säulen del Selbstwertgefühls. Erfolgreich und zufrieden durch ein starkes Selbst*, Piper, München 2011.

Buber, Martin, *Das dialogische Prinzip. Ich und Du. Zwiegesprache. Die Frage an den Einzelnen. Elemente des Zwischenmenschlichen. Zur Geschichte des dialogischen Prinzips*, Gütersloher Verlagshaus, Gütersloh, 2006 (tr. it. di Paolo Facchi e Ursula Schnabel, *Il principio dialogico*, Edizioni di Comunità, Milano 1959).

Eichenbaum, Luise e Orbach, Susie, *Bitter und süß. Frauenfeindschaft – Frauenfreundschaft*, Econ, Düsseldorf 1996.

Heim, Vera e Lindemann, Gabriele, *Erfolgsfaktor Menschlichkeit. Wertschätzend führen – wirksam kommunizieren*, Junfermann, Paderborn 2010.

Heim, Vera e Lindemann, Gabriele, *Erfolgsfaktor Menschlichkeit. Wertschätzend führen – wirksam kommunizieren*, Junfermann, Paderborn 2011 (audiolibro, 3 CD, 202 minuti).

Hirigoyen, Marie-France, *Die Masken der Niedertracht. Seelische Gewalt im Alltag und wie man sich dagegen wehren kann*, dtv, München 2002.

Köster, Rudolf, *Was kränkt, macht krank. Seelische Verletzungen erkennen und vermeiden*, Herder, Freiburg 2000.

Kraiker, Christoph, *Die Fabel von den drei Kränkungen*, in "Hypnose und Kognition", 1994, vol. 11, fascicoli 1 e 2.

Linden, Michael, *Posttraumatic Embitterment Disorder*, in "Psychotherapy and Psychosomatics", 2003, 72, pp. 195-202.

Lückel, Kurt, *Kränkung hat Geschichte*, in "Wege zum Menschen", anno 35, fascicoli 120-127, Vandenhoeck & Ruprecht, Göttingen 1983.

Miner, Valerie e Longino, Helen (a cura di), *Konkurrenz. Ein Tabu unter Frauen*, Verlag Frauenoffensive, München 2002.

Müller-Lackmann, Elisabeth, *Die große Kränkung. Wenn Liebe ins Leere füllt*, Rowohlt, Hamburg 1998 (nuova edizione ampliata).

Oberdieck, Hartmut, Steiner, Claude e Michel, Gabriele, *Die Kunst, sich miteinander wohl zu fühlen. Emotionale Kompetenz in Familie und Partnerschaft*, Herder, Freiburg 2004.

Radetzky, Regina, *Zum Merkmal der Kränkung im Zivilrecht*, in Haselbeck, Helmut et al., *Kränkung, Angst und Kreativität*, Integrative Psychiatrie, Innsbruck 1996.

Ranke-Graves, Robert von, *Griechische Mythologie. Quellen und Deutung*, Rowohlt, Hamburg 1984.

Rosenberg, Marshall B., *Gewaltfreie Kommunikation. Eine Sprache des Lebens*, Junfermann, Paderborn 2007.

Singer, Kurt, *Kränkung und Kranksein. Psychosomatik als Weg zur Selbstwahrnehmung*, Piper, München 2000.

Thích Nhât Hanh, *Ein Lotus erblüht im Herzen. Die Kunst des achtsamen Lebens*, Goldmann, München 1995 (tr. it. *Lo splendore del loto*, Astrolabio-Ubaldini Editore, Roma 1994).

Wardetzki, Bärbel, *Mich kränkt so schnell keiner! Wie wir lernen, nicht alles persönlich zu nehmen*, dtv, München 2005 (tr. it. *A me non mi offende nessuno: come uscire dal circolo ferita-depressione-aggressività*, Essere felici, Diegaro di Cesena 2008).

Wardetzki, Bärbel, *Ohrfeige für die Seele. Wie wir mit Kränkung und Zurückweisung besser umgehen können*, Kösel, München 2007.

Wardetzki, Bärbel, *Weiblicher Narzissismus. Der Hunger nach Anerkennung*, Kösel, München 2011.

Wardetzki, Bärbel, *Kränkung am Arbeitsplatz. Strategien gegen Missachtung, Gerede und Mobbing*, dtv, München 2012.

Weakland, John H., *"Double-Bind"-Hypothese und Dreier-Beziehung*, in Bateson et al., *Schizophrenie und Familie*, Suhrkamp, Frankfurt 1974, pp. 221-222.